Tino Schatz

Rotenzimmern, Neu-Freudental

Meinem Vater
Adolf Schatz (1926 – 2013)

Tino Schatz

Rotenzimmern, Neu-Freudental

Stationen meiner Familie über zehn Generationen

Bibliografische Information der Deutschen Nationalbibliothek:
Die Deutsche Nationalbibliothek verzeichnet diese Publikation in der Deutschen Nationalbibliografie; detaillierte bibliografische Daten sind im Internet über http://dnb.dnb.de abrufbar.

© 2017 Tino Schatz

Titelbild: Tino Schatz (Rotenzimmern 2017)

Herstellung und Verlag: BoD – Books on Demand, Norderstedt
ISBN: 978-3-7347-1136-7

Inhalt

Die Familienbibel	7
Ahnenforschung und Potenzrechnung	13
Der Ort der Handlung	16
Rotenzimmern	18
Neu-Freudental	20
Der Beginn: Familien-Generation 1	22
Familien-Generation 2	29
Familien-Generation 3	33
Familien-Generation 4	37
Familien-Generation 5	40
Die Ausreise und ihre Hintergründe	44
Eine Familie verschwindet	52
Familien-Generation 6	59
Der Beginn in der Kolonie Neu-Freudental	65
Familien-Generation 7	70
Familien-Generation 8	72
Familien-Generation 9	78
Erster Weltkrieg und Sowjet-Bolschewismus	82
Transnistrien 1941 – 1944	94
Umsiedlung, Flucht und Verschleppung	108
Familien-Generation 10	114
Nachwort	117
Literatur	119
Anhang	121

Die Familienbibel

Aufgewachsen bin ich, Jahrgang 1956, in einer Stadt an der Ostsee, in Kiel. Nicht, dass das Meer groß in mein Leben hineingewirkt hätte, aber es war doch irgendwie präsent. Wind, Regen, Sonnenschein, Strandbesuche im Sommer, Möwen, Schiffssirenen, der Hafen hinter den Kaufhäusern, Schleswig-Holstein meerumschlungen, der Vater, der auf der Schleuse am Nordostseekanal arbeitete und häufig Fisch mitbrachte - oder exotische Früchte, wenn irgendein Schiff aus südlichen Ländern den Kanal passiert hatte. Aber das war alles Hintergrundrauschen. Mein Leben spielte sich mit gefühlten hundert anderen Kindern auf dem Spielplatz unseres Häuserblocks ab. So zumindest erging es mir bis Mitte der 1960er Jahre.

Außerdem fühlte ich mich irgendwie besonders. Mein Name klang anders, meine Haare waren dunkler als die der meisten anderen und obwohl ich genauso „kielerte" wie meine gleichaltrigen Freunde, verstand ich überhaupt kein Platt. Ausländer gab es damals kaum, die einzigen fremdartigen Menschen waren die Zigeuner, die damals noch nicht Sinti und Roma hießen und von denen eine ganze Menge gar nicht weit entfernt in einer Behelfssiedlung am Stadtrand lebte.

Doch meine wirkliche Besonderheit lag darin, dass meine Eltern nicht aus der Gegend kamen. Die Mutter und ihre sechs Schwestern waren Ende des Krieges aus Ostpreußen geflüchtet, der Vater stammte aus einem Ort in der Ukraine, der den merkwürdigen Namen Neu-Freudental trug. Er war ein sogenannter „Russlanddeutscher", was ich damals nicht ganz verstand, aber als etwas ganz Besonderes abgespeichert hatte. Dieser Eindruck wurde von meinem Vater nach Kräften genährt. Neu-Freudental war nicht irgendein Ort, nicht so ein bedeutungsloses Loch im Nirgendwo wie das mütterliche Aschpalten in der Nähe von Tilsit, nein, das war ein geradezu magischer Flecken, in dem Milch und Honig zu fließen schienen. Riesenkürbisse, unendliche Mais- und Sonnenblumenfelder, Weinberge und darin er und viele Freunde, die eine magische Kindheit verlebten.

Was mir damals in meiner frühen Kieler Jugend zwar bewusst war, aber nicht merkwürdig vorkam, war das Fehlen einer alten Generation in meiner Familie. Ich hatte zwar sechs Tanten und sechs Onkel und zahllose Cousins und Cousinen, die alle im Umkreis von Kiel lebten, aber ich hatte keine Großeltern. Die Oma mütterlicherseits war bereits vor meiner Geburt gestorben, beide Großväter in den 1940er Jahren und irgendwo gab es noch eine Oma väterlicherseits, aber die lebte in Sibirien und Sibirien war so etwas wie der Nordpol.

Was mir auch auffiel, war, dass es keine Onkel oder Tanten von der Seite meines Vaters gab. Dabei hatte er sehr wohl viele Geschwister und Verwandte, von denen er auch immer wieder gerne erzählte, aber die waren irgendwo in Russland. Und insbesondere seine beiden einzigen Schwestern (darüber hinaus gab es noch zwei Halbbrüder und zwei Halbschwestern) lebten tatsächlich ebenfalls wie die Oma in Sibirien oder ähnlich fernen Landen.

Mitte der 1960er Jahre gelang es, die ältere Schwester meines Vaters nach Deutschland zu holen. Das ließ sich für die Großmutter nicht erreichen – sie verstarb 1968 in Jurga, Sibirien. Mir fiel auf, dass meine Tante einen eigentümlichen Dialekt sprach, der in meinen norddeutschen Ohren sehr fremd klang und den wir alle als süddeutsch, am ehesten als schwäbisch empfanden. Damals, noch in den 60er Jahren, tauchte für mich wahrscheinlich zum ersten Mal die Frage auf, wo denn die Familie meines Vaters eigentlich herkäme. Woher waren die Deutschen gekommen, die sich in Russland niedergelassen hatten und jetzt, viele Jahre später, wieder nach Deutschland zurückgekehrt waren? Weder mein Vater noch seine älteste Schwester hatten hierzu eine Antwort parat. Man konnte sich zwar gut an Eltern, Großeltern, Onkel und Tanten erinnern, aber was davor lag, das blieb im Dunkeln. Vor Neu-Freudental schien es nichts zu geben.

Wahrscheinlich in dieser Zeit tauchte zum ersten Mal der Mythos von der Familienbibel auf. Mein Vater schwor Stein und Bein, dass es im Familienbesitz eine Bibel gäbe, in deren Anhang fein säuberlich eingetragen wäre, wie sich die Familie von Generation zu Generation entwickelt hätte und dass diese Aufzeichnungen zurückgehen würden, vielleicht nicht bis Anno Toback, aber mindestens bis in die Zeiten von Katharina der Großen, als seine ganze Familie aus Deutschland ausgewandert wäre. Ja, Katharina die Große - es kam mir fast so vor, als hätte die große Katja meine Vorfahren persönlich nach Russland gerufen, um diese unwirtlichen Steppenlandschaften der Ukraine erstmalig urbar zu machen.

Da Tante Nr. 1 die ominöse Familienbibel nicht bei sich hatte, hofften wir auf Tante Nr. 2, die in Sibirien verbliebene Schwester, die im Rahmen der Familienzusammenführung erst in den 1970er Jahren mit ihrem Sohn im Norden Deutschlands eintraf. Leider befand sich auch in ihrem Gepäck nicht die ersehnte Bibel. Die nächste Hoffnung ruhte auf einer Nichte meines Vaters, die mit ihrer Familie aus Taschkent nach Deutschland übergesiedelt war, aber auch sie hatte die Bibel nicht bei sich und so begruben wir um 1975 erst einmal alle Hoffnungen darauf, jemals einen Hinweis auf die Ursprünge unserer Familie zu erhalten.

Im Jahr 1978 lief im Deutschen Fernsehen die amerikanische Fernsehserie „Roots" nach dem Buch von Alex Haley, in der, ausgehend von der Gefangennahme und Entführung eines jungen schwarzen Mannes in Afrika die Geschichte einer afroamerikanischen Familie bis in die Jetztzeit erzählt wird. Höhepunkt und Schluss bildet der Moment, als der Autor in Afrika die Wurzeln seiner Familie findet. Ein einheimischer Erzähler referiert die seit vielen Generationen mündlich weitergegebene Geschichte eines Dorfes oder einer Familie und da fällt der Name des Urahns und beschreibt die Umstände seines Verschwindens: Alex Haley hat seine „Roots" in Afrika gefunden.

Ich studierte zu der Zeit in Berlin und hatte diese Serie natürlich genau so gesehen wie die meisten deutschen Fernsehzuschauer. Schließlich war das noch die Zeit mit nur drei Programmen, auch wenn man in Berlin mit DDR 1 und DDR 2 noch zwei weitere empfangen konnte. Eine Zeitlang träumte ich von einer deutschen Roots-Saga, aber mangels Familienbibel schien es da keine Chance zu geben. Der Krieg hatte alle Spuren wohl endgültig beseitigt. Woher die Familie Schatz einstmals gekommen sein mochte, es würde sich wohl niemals klären lassen.

Gute zehn Jahre später hatte mich meine berufliche Laufbahn nach Stuttgart geführt und die Roots-Erinnerungen erwachten zu neuem Leben. Meine Tanten hatten doch schwäbisch gesprochen, vielleicht lagen unsere Wurzeln irgendwo in Schwaben? Nun – das war so eine Idee, die ich jetzt aber nicht wirklich planmäßig verfolgte. Außerdem gab es noch kein Internet, wo man vielleicht ein wenig zielgerichteter hätte suchen können. Trotzdem dachte ich mir, wenn es ein Neu-Freudental in der Ukraine gegeben hatte, mochte es vielleicht ein Freudental im Schwabenländle geben, aus dem meine Vorfahren losgezogen sein könnten. Außer Freudenstadt fand ich aber nichts Vergleichbares. Wie gesagt, ich hatte die Idee nicht wirklich zielgerichtet verfolgt und es gab noch kein Internet…

Zufällig hörte ich dann von einem Örtchen namens Freudental. Ein Bekannter hatte es beiläufig erwähnt und auch noch hinzugefügt, dass es gar nicht so weit von Stuttgart läge. Ich fuhr hin und nahm Kontakt mit dem örtlichen Pfarramt auf, man suchte in den Kirchenbüchern, aber man fand nichts. Die Freudental-Spur erwies sich als ein Fehlschlag. Auch mein Vater, dem ich davon berichtet hatte, war ohnehin skeptisch gewesen. Seiner Erinnerung nach bezog sich der Name Neu-Freudental auf einen Ort Freudental, der bereits in der Ukraine gegründet worden war. Ehemalige Bewohner aus Freudental hätten dort einen neuen Ort besiedelt und ihn Neu-Freudental genannt. Damit war mein schwäbischer Freudental-Ansatz endgültig vom Tisch.

In den darauffolgenden Jahren entwickelte sich das Internet zur einfachsten und ergiebigsten Informationsquelle, die zudem immer verfügbar war. Wenn ich nichts zu tun hatte, recherchierte ich gern mal nach alten

Bekannten („was macht eigentlich der...?") oder nach alten Themen, die mich schon immer bewegt hatten. Wie zum Beispiel die Geschichte der Deutschen in der Ukraine. So gewann ich einiges an Informationen über Neu-Freudental und seine Bewohner, konnte mir über Google-Earth Luftaufnahmen von Marynowe ansehen, wie das Dorf heute heißt und diese Bilder sogar noch meinem Vater zeigen, der 2013 verstorben ist, mit 86 Jahren.

Durch die Internet-Recherche wurde ich auch aufmerksam auf ein Buch von Karl Stumpp: „Die Auswanderung aus Deutschland nach Rußland in den Jahren 1763 bis 1862". In diesem Werk werden unter anderem nahezu alle Auswanderer des betreffenden Zeitraums namentlich erwähnt. Und da ich wusste, dass der Großvater meines Vaters Jakob hieß, blieb ich bei einem Eintrag in dem Stumpp-Buch hängen. Dort wurde ein Schuster Jakob Schatz aus Rotenzimmern erwähnt, der nach Neu-Freudental ausgewandert sei. Leider ohne jede Jahresangabe. Aber Jakob und Neu-Freudental passten hervorragend.

Doch – eine Sache war merkwürdig. Der Großvater meines 1926 geborenen Vaters konnte unmöglich aus der Zeit Katharinas der Großen (1729 – 1796) stammen. Zwei Generationen zurück hätte ein Geburtsdatum um frühestens 1850 bedeutet. Bis er dann endlich Schuster geworden wäre, hätte es wahrscheinlich schon 1870 sein müssen. - So spät sollte die Familie nach Russland gezogen sein?

Es blieb also rätselhaft. Den entscheidenden Anstoß und damit den Stein ins Rollen brachte schließlich eine Anfrage beim amerikanischen Verband GRHS (Germans From Russia Heritage) in Bismarck, North Dakota. Bei denen konnte man die Ergebnisse einer Volkszählung, die im Jahr 1858 in Neu-Freudental durchgeführt worden war, käuflich erwerben: den Census 1858 Neu Freudental. Darin wurde ein Jakob Schatz erwähnt, der 1817 nach Russland gekommen war und im Erhebungsjahr mindestens sechs noch lebende Kinder hatte. Der Rest war dann eine etwas intensivere Recherche und brachte den Stand des Wissens, der in diesem Buch vorgestellt wird.

Schade ist, dass ich meinem Vater diese Ergebnisse nicht mehr präsentieren konnte. Es hätte ihn sicherlich gefreut, zu erfahren, wo die Wurzeln seiner Familie Schatz gelegen hatten. Und er hätte gestaunt, welche Möglichkeiten moderne Informationstechniken bieten, dass es heute keiner Familienbibel mehr bedarf, um in die eigene Geschichte einzutauchen.

Ja, und ich hätte gern auch noch einmal mit ihm über Neu-Freudental gesprochen.

Ahnenforschung und Potenzrechnung

Wenn man sich einen Stammbaum erarbeiten will, so mahnt ein Blick auf die Mathematik zur nötigen Bescheidenheit.

Schaut man nämlich für die eigene Person in die Vergangenheit, so sind da zunächst einmal die Eltern, ein Mann und eine Frau, also zwei Personen. Diese beiden haben wiederum jeweils zwei Elternteile und so sind wir bei zwei Generationen rückwärts bereits bei 4 Großelternteilen angelangt, allesamt nicht untereinander verwandt. Kurz und gut, die Anzahl der Vorfahren verdoppelt sich mit jedem Schritt zurück und gehorcht der Formel:
Anzahl Vorfahren = 2^n,
wobei *n* die *n*. Generation zurück bedeutet.

Wenn man einmal grob drei Generationen in hundert Jahren ansetzt (es können auch mehr sein), dann hätte man also vor rund 100 Jahren bereits $2^3 = 8$ gleichberechtigte Vorfahren zu verzeichnen, d.h. in diesem Fall vier Urgroßväter und vier Urgroßmütter. Geht man 200 Jahre zurück, würde sich die Anzahl der Vorgängergenerationen auf 6 erhöhen und damit die Menge der direkten Vorfahren mit gleichem Abstand zu uns auf $2^6 = 64$: Vierundsechzig Personen, also 32 Männer und 32 Frauen, die uns im übertragenen Sinn genau so nahe stehen wie unsere beiden Eltern, weil sie die Eltern der Eltern der Eltern der Eltern der Eltern unserer Eltern wären. Ein weiteres Jahrhundert zurück kommt man bereits auf $2^9 = 512$ und gerade einmal 400 Jahre zurück in die Vergangenheit landet man bei $2^{12} = 4096$ Vorfahren.

Führt man diese Überlegung weiter, so beginnt es jetzt bei den Stammbäumen richtig eng zu werden. Das Heer aller direkten Vorfahren umfasst vor 500 Jahren 2^{15} = 32.768 Personen und steigert sich weitere hundert Jahre zurück auf 2^{18} = 262.144 Menschen. Diese Bevölkerungsmenge einer mittleren Großstadt erreicht weitere hundert Jahre in die Vergangenheit – man ist jetzt erst 700 Jahre zurück - bereits die 2 Millionen-Grenze. Schließen wir die Betrachtung mit einem Blick auf die Situation vor 1000 Jahren ab: Die Anzahl der direkten Vorfahren liegt jetzt rechnerisch bei 2^{30} = rd. 1 Milliarde Menschen, d.h. rund viermal so hoch wie die Weltbevölkerung zu jener Zeit.

Natürlich hat es in dieser Zeitspanne auch die eine oder andere Elternschaft unter Verwandten gegeben, sodass wohl kaum die gesamte Weltbevölkerung von vor 1000 Jahren an unseren aktuellen Genen beteiligt war, aber klar werden dürfte schon, wie umfangreich eine komplette Vorfahrenliste werden könnte und dass sich für fast alle heutigen Menschen gemeinsame Ahnen finden ließen. Wenn man dann noch die Geschwister unserer direkten Vorfahren mit hinzunähme, so entstünde ein gigantisches Knäuel, das von einem Familienforscher allein niemals zu entwirren wäre und die Darstellung eines überschaubaren Stammbaums praktisch unmöglich macht. Doch wer wollte so etwas wirklich haben? Außer vielleicht einigen Mormonen in den USA?

Gehen wir also pragmatisch vor und schneiden uns aus dem riesigen Stammbaum einen Teil heraus. Am einfachsten lässt sich das wohl realisieren, wenn man der männlichen Linie folgt, weil die traditionell auch für die Weitergabe des Familiennamens verantwortlich war. Betrachten wir also unsere direkten Vorfahren der Schatz-Linie.

Doch halt – auch diese Betrachtung muss man relativieren. Die Fortschreibung des Nachnamens Schatz dokumentiert zwar eine direkte Verwandtschaft, aber sie ist eben nur eine Kette unter vielen möglichen, in diesem Fall, als Vater-Sohn-Folge, die der ausschließlich männlichen Nachkommen. Doch wer nun glaubt, dass sich da eine bestimmte Gen- oder Familiencharakteristik weiter vererbt, dem sei auch hier die Potenzrechnung in Erinnerung gebracht. Selbst wenn es einmal einen 100%igen „Ur-

Schatz" gegeben hätte (was natürlich nur im Falle einer Geschwisterheirat möglich gewesen wäre), dann hätte sich dieser Ur-Schatz mit jeder Generation weiter verdünnt und bald verflüchtigt. Nach 500 Jahren oder 15 Generationen weiter wäre von dem Ur-Schatz nur noch der 32768te Teil (siehe oben) enthalten und damit wäre sein genetisches Erbe nur noch in homöopathischer Dosis wirksam. Das bedeutet freilich nicht, dass gewisse Familieneigenschaften als angelerntes Verhalten nicht doch länger bestehen und dominieren könnten. Doch damit wollen wir dieses Terrain verlassen.

Der Ort der Handlung

Jedes Theaterstück benötigt eine Bühne und auch das Leben findet nicht im Nirgendwo statt, sondern braucht Orte, an denen die handelnden Personen auftreten.

Betrachtet man die Familie Schatz und verfolgt deren männliche Protagonisten von Generation zu Generation bis zu meinem Bruder und mir, dann fällt auf, dass sich das Leben der Schatzens dieser Linie während der letzten 400 Jahre vor allem in zwei Orten abgespielt hat, im württembergischen **Rotenzimmern** und im ukrainischen **Neu-Freudental**. Vor 200 Jahren, 1817, sind unsere Vorfahren aus Rotenzimmern ausgewandert in die Ukraine und wurden dort Ende der 1830er Jahre in Neu-Freudental sesshaft. In den 1940er Jahren endete diese Phase abrupt und unabänderlich.

Die Karawane zieht weiter, könnte man heute sagen, aber wenn man den Blick zurück wirft, will man doch etwas mehr erfahren über diese beiden Orte, die unserer Familie so lange vertraute Heimat gewesen sind.

Werfen wir also einen ersten Blick auf diese beiden Ortschaften, an denen jeweils für eine lange Zeit unsere Vorfahren gelebt haben.

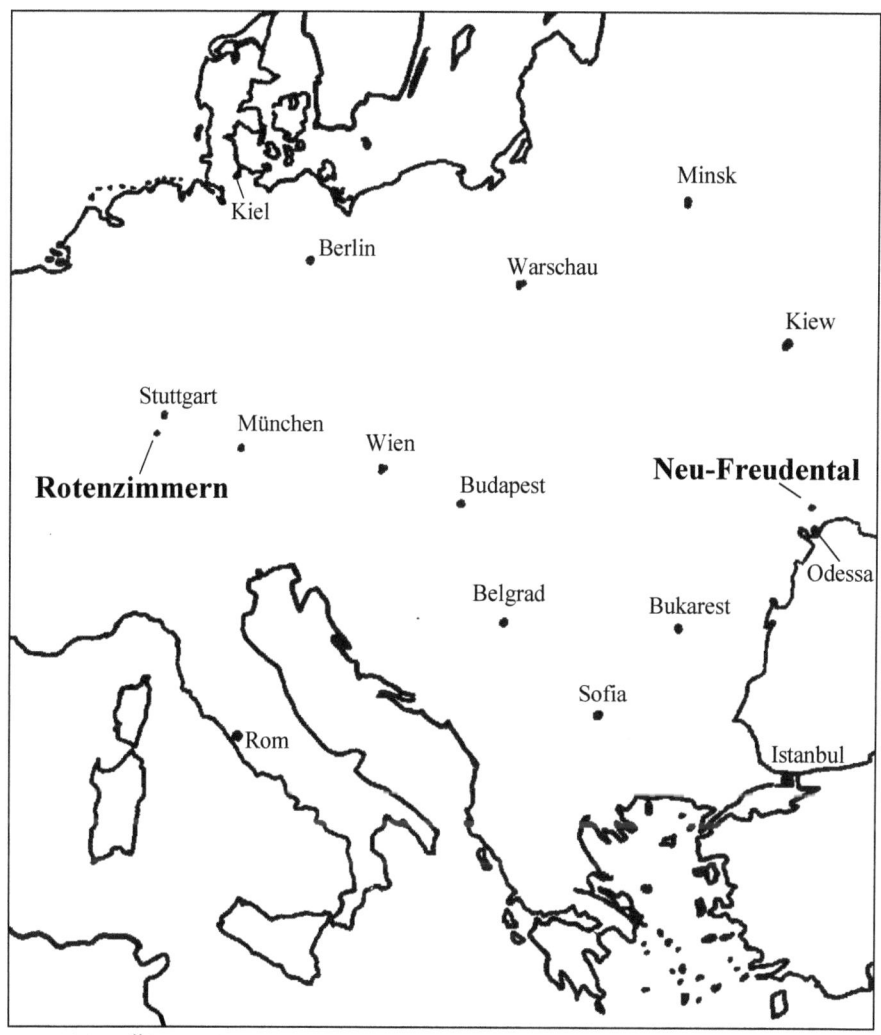

Bild 1: Übersichtskarte Mittel-, Südosteuropa; Rotenzimmern und Neu-Freudental

Rotenzimmern

Rotenzimmern gehört seit einer Gemeindereform in den 1970er Jahren zu der Gemeinde Dietingen, die rd. 4000 Einwohner umfasst und aus den ehemals selbstständigen Ortschaften Böhringen, Gößlingen, Irslingen und Rotenzimmern besteht.[1]

Rotenzimmern hat aktuell (Stand 2016) rund 280 Einwohner und liegt etwa 10 km nordöstlich von Rottweil bzw. rd. 65 km südwestlich von Stuttgart auf ca. 570 m ü. NN.[2] Die Ortschaften Böhringen, Gößlingen (beide heute ebenfalls zu Dietingen zählend), Täbingen, Leidringen und Trichtingen umgeben den Ort sternförmig. Das ist deshalb erwähnenswert, weil die Vorfahren der Familie Schatz häufig ihre Ehepartner in diesen etwa 1 bis 4 km entfernt liegenden Dörfern gefunden hatten, siehe später.

Im Oktober 1994 feierte Rotenzimmern sein 900-jähriges Bestehen. Aus diesem Anlass wurde eine Festschrift herausgegeben: Rotenzimmern, 900 Jahre – Gemeindejubiläum, Gesamtschriftleitung Hubert Burkard, Geiger-Verlag, Horb, 1994. Obwohl derzeit vergriffen, wurde mir freundlicherweise vom Ortsvorsteher Herrn Frank Weißhaupt ein Exemplar zur Verfügung gestellt und mir dadurch ermöglicht, interessante Einblicke in die Geschichte Rotenzimmerns und in die Geschichte unserer Familie zu gewinnen.

Mit zwei Tabellen aus diesem Werk möchte ich die einführenden Bemerkungen zu Rotenzimmern abrunden:

---

[1] Wikipedia: „Dietingen"
[2] http://www.dietingen.de (abgerufen am 21.5.2017)

Tabelle 1: Bevölkerungsentwicklung im Vergleich

	Rotenzimmern	Leidringen	Täbingen	Trichtingen
1654	**87**	264	117	130
1661	**97**	307	150	134
1676	**99**	433	175	150
1692	**125**	590	242	226
1706	**127**	577	339	313
1719	**157**	558	365	374
1726	**167**	604	381	393
1731	**182**	637	402	394
1741	**210**	713	420	401
1763	**161**	673	368	400
1773	**175**	662	422	401
1783	**192**	714	385	349
1790	**214**	752	450	443
1800	**200**	806	480	424
1805	**213**	804	488	441
1815	**217**			
1821	**218**			

Tabelle 2: Häufigkeit der Rotenzimmerner Familien (Auswahl)

	1525	1545	1600	1628	1663	1720	1800
Schwarz	4	10	11	9	3	5	5
Bischof	1	4	-	-	-	-	-
Dietrich		2	1	-	-	-	-
Spiegel		1	2	2	1	-	-
Seemann			1	1	2	5	14
Ruof			1	3	2	-	2
Birk			1	2	1	6	4
Schatz				(1)	(1)	6	5
Hezel				1	2	1	-
Harre						1	2
Dannecker						1	1
Schlosser						1	1
Bippus							5
Huonker							4
Völkle							2
Bilger							1

Neu-Freudental

Neu-Freudental heißt heute Marynowe und ist eine Ortschaft in der südlichen Ukraine mit aktuell rd. 1000 Einwohnern.[3] Es gibt zahlreiche deutsche Namensvarianten, mit oder ohne Bindestrich, auch zusammengeschrieben als Neufreudental oder mit „th" Neu-Freudenthal. In diesem Buch wird in der Regel die Schreibweise mit Bindestrich gewählt.

Neu-Freudental liegt ca. 70 km Luftlinie nördlich der Schwarzmeer-Großstadt Odessa auf rd. 70 m Höhe ü. NN.[3]

Der Ort wurde von deutschen Kolonisten als Tochterkolonie des Ortes Freudental 1828/29 gegründet.

Familie Schatz gehörte nicht zu den Bewohnern der allerersten Stunde. Zu den Gründerfamilien gehörten dagegen die folgenden Siedler:[4]

Beiger, Beck, Bentz, Braun, Burghard, Daiberdt, Engelmann, Enzy, Esslinger, Gägger, Hierning, Hoffer, Kaesser, Kern, Koschel, Kümmerle, Lang, Leonhard, Mehl, Neubauer, Ohlheusser, Pfaff, Philipp, Rentschler, Rettenger, Ridlinger, Rogler, Schell, Schlenkenberger, Schock, Schulder, Schweihardt, Silling, Steiger, Wacker, Weber, Widmayer, Will.

---

[3] Wikipedia: „Marynowe"
[4] http://www.grhs.org/chapters/gdo/villages/neufreudental_odessa.htm (abgerufen am 21.5.2017)

Tabelle 3: Bevölkerungsentwicklung Neu-Freudental [4]

	Neu-Freudental
1858	517
1904	660
1905	870
1911	1020
1914	1204
1919	898
1926	1099

Der Beginn: Familien-Generation 1

Am Anfang unserer Ahnenreihe steht diese Familie Schatz aus dem kleinen Örtchen Rotenzimmern in Württemberg.

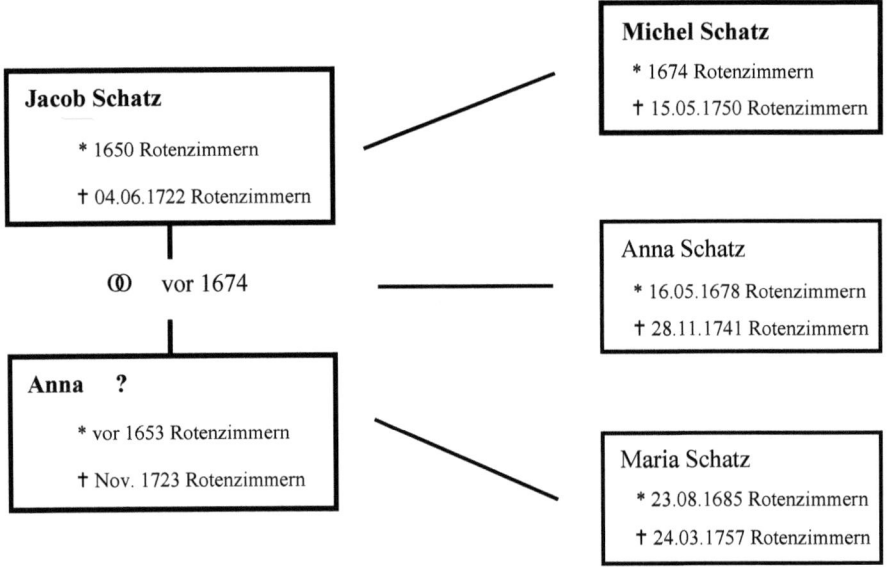

Bild 2: Familien-Generation 1

Weiter zurück reichen die zugänglichen Aufzeichnungen leider nicht. Sicher hat es auch davor Eintragungen in Kirchenbüchern gegeben, aber viel tiefer in die Vergangenheit hätten diese Dokumente auch nicht geführt, denn das älteste erhaltene Kirchenbuch im deutschsprachigen Raum wurde im Jahr 1490 begonnen und befindet sich heute im Britischen Museum in London.[5] Außerdem war Europa von 1618 bis 1648 Schauplatz einer Reihe erbitterter Auseinandersetzungen und Schlachten, die als Dreißigjähriger Krieg in die Geschichte eingegangen sind und die Vieles buchstäblich in Flammen aufgehen ließen.

Auch die Region um Rotenzimmern war Schauplatz dieser Kriegswirren und speziell in den 1630er Jahren auch Opfer marodierender und brandschatzender Söldner gewesen.

So wundert es nicht, dass die Kirchenbuchaufzeichnungen nicht nur der Familie Schatz, hier in Rotenzimmern, erst nach Ende des Dreißigjährigen Krieges einsetzen, tagesgenau sogar erst ab etwa 1675. Im Falle von Rotenzimmern hat der heutige Familienforscher aber das Glück, dass die familiären Zusammenhänge mittlerweile übertragen in moderne Schrift und schnell auffindbar zusammengestellt sind in dem Ortssippenbuch Rotenzimmern /Leidringen [1].

Auch wenn es sich durch die fehlenden Kirchenbuchaufzeichnungen weder belegen noch widerlegen lässt, ist nicht davon auszugehen, dass die Familie Schatz schon lange vor dem Dreißigjährigen Krieg in Rotenzimmern gelebt hatte. Darauf wird von Hans Peter Müller in seinen Ausführungen zur Rotenzimmerner Geschichte [2] hingewiesen. Die Familie sei nachweislich erst im 17. Jahrhundert zur Dorfbevölkerung hinzu gestoßen.[6] In seiner Abhandlung vermutet der Autor, dass die Familie Schatz aus der zu Beginn des 17. Jahrhunderts erstmalig aufgetauchten Familie Schätzlin hervorgegangen sein könnte,[7] was aber nicht weiter belegt wird und aus der Beobachtung der einsehbaren Kirchenbuchaufzeichnungen auch nicht sehr

---

[5] Wikipedia: „Kirchenbuch"
[6] Müller [2], S. 61
[7] ebd., S. 61

23

zwingend erscheint. Wie auch immer - man muss wohl davon ausgehen, dass unsere Familie vor 1600 keine Wurzeln in Rotenzimmern gehabt hatte.

Wenden wir uns jetzt dem Ehepaar zu, das am Anfang dieser Betrachtungen steht.

Jakob Schatz wird in den Kirchbuchaufzeichnungen vermerkt als „Bürger u. des Gerichts". Zur Bedeutung eines Bürgers lässt sich einiges nachlesen, etwa bei Jürgen Kocka.[8] Laut dessen Ausführungen war ein Bürger im späten Mittelalter und in der Frühen Neuzeit ein privilegierterer Städter. „Durch Rechtsstellung und Lebensweise unterschieden sich Bürger in diesem Sinn von den Angehörigen des adligen und des geistlichen Standes, von der ländlichen Bevölkerungsmehrheit und der breiten städtischen Unterschicht. Ihre Rechtsstellung, das Bürgerrecht, berechtigte sie zu selbständigem Gewerbe und Handel, zur Mitwirkung an der städtischen Selbstregierung und zum Empfang von Leistungen aus städtischer Fürsorge bei Armut und Hilflosigkeit. Das Bürgerrecht wurde durch Geburt erworben oder an Bewerber auf Antrag verliehen, falls diese bestimmte Bedingungen erfüllten, etwa Vermögen oder gesuchte Qualifikationen besaßen. Die Bürger stellten in den Städten des 17. und 18. Jahrhunderts oft nur eine große Minderheit dar. Zu ihnen gehörten die Handwerksmeister, einige ihrer Gesellen, Kaufleute, Ladenbesitzer und Wirte, auch Ärzte und Pfarrer, nicht aber Gesinde, Arbeiter und Arme."[8]

Aus den Darlegungen von Hans Peter Müller zur Rotenzimmerner Geschichte [2] lässt sich entnehmen, dass die Anzahl der Bürger in Rotenzimmern zwischen den Jahren 1600 und 1800 nicht sehr hoch war. Sie reichte von rund 30 bis maximal 50 Personen.[9] Kurz nach Ende des 30jährigen Krieges (1655) war die Zahl der Bürger sogar bis auf 19 heruntergegangen.[10]

---

[8] Kocka: „Bürger und Bürgerlichkeit im Wandel"," in „Politik und Zeitgeschichte", Ausgabe 2008
[9] Müller [2], S. 61-63
[10] ebd, S. 62

Ein Bürger musste eine jährliche Bürgersteuer leisten, im Jahr 1715 etwa in der Größenordnung von 40 Gulden pro Jahr,[11] aber ein Bürger war kein Beruf. Womit Jakob Schatz sein Geld verdiente, lässt sich aus den vorhandenen Materialien nicht erschließen. Viele Möglichkeiten wird er – um das Jahr 1700 herum – nicht gehabt haben. Laut [2] gab es zu der Zeit etwa 18 Bauern und 15 Taglöhner im Ort, bei gerade einmal rund 125 Einwohnern. Weitere Gewerbe waren nicht sehr verbreitet, aber es gab einige wenige - den Müller mit seiner Mahlmühle, den Betreiber der Gastwirtschaft und ein paar Handwerker: 1718 nachgewiesener Maßen zwei Bäcker, einen Schneider, zwei Weber und einen Schmied.[12]

Bei Jakob Schatz enthält der Kirchenbucheintrag noch den Zusatz „u. des Gerichts", was wohl hinweisen mag auf eine Art Schöffen- oder Geschworenentätigkeit. Es unterstreicht jedenfalls eine gewisse Bedeutung dieses Bürgers Jakob Schatz. Wir sprechen allerdings über eine Gemeinde von zu der Zeit rund 125 Seelen, die zwar urkundlich bereits 1094 erwähnt wurde, aber doch Grund für die berechtigte Frage liefert: Gab es da überhaupt ein Gericht?

Hierzu liefern die Ausführungen von Hans Peter Müller zur Rotenzimmerner Geschichte [2] einige Antworten. Seit dem 15. Jahrhundert gab es in vergleichbaren Ortschaften sog. Dorfgerichte; für Rotenzimmern stammt das früheste Zeugnis für ein Dorfgericht und das Amt des Dorfvogts aus dem Jahr 1535. Überhaupt ist es nicht uninteressant, an dieser Stelle einmal das Gemeindeleben in einem Flecken wie Rotenzimmern näher zu beleuchten.

Chef des Ortes war der Dorfvogt. Für Rotenzimmern lassen sich die Dorfvögte seit dem Ende des 16. Jahrhunderts ziemlich lückenlos verfolgen.[13] Als Jakob Schatz lebte, bekleideten fast durchgehend Mitglieder der Bürck-Familie dieses Amt. Nur zwischen 1692 und 1712 war ein Hans Bernhardt Dorfvogt. Wie auch anderswo in Württemberg entstammten die

---

[11] Müller [2], S. 55
[12] ebd., S. 69
[13] ebd., S. 54 u. S. 56

Vögte reicheren Bauernfamilien und amtierten häufig sehr lang, zum Teil bis zum Tode. Darüber hinaus scheint sich das Amt zum Teil geradezu an die Nachkommen vererbt zu haben.[13]

Die Hauptaufgabe eines Dorfvogtes lag in der Verwaltung seiner Gemeinde. Auch des Gemeindebesitzes. Beispielsweise gehörten im Jahr 1718 der Gemeinde Rotenzimmern 1,5 Morgen Ackerland (1 Morgen = 3152 qm = rd. 1/3 ha), 13,5 Morgen Tannenwald und weitere 536 Morgen Allmenden und Weiden.[14] Um diese Ländereien war sich ebenso zu kümmern wie um alle anderen Fragen der Haushalts- und der Menschenführung.

Laut [2] gab es im altwürttembergischen Rotenzimmern weder ein Rathaus noch ein Schulgebäude. Folglich unterrichtete der Schulmeister im eigenen Haus, während die Gerichtsveranstaltungen wahrscheinlich im Haus des Dorfvogts oder in der einzigen Gastwirtschaft des Ortes, dem „Rößle", stattfanden. Sämtliche wichtigen Gemeindedokumente und -bücher wurden vom Vogt in einer Fleckenlade aufbewahrt, was nach Ansicht von Hans Peter Müller in [2], vielleicht der Grund dafür sein mochte, dass sich nur wenige Stücke aus alter Zeit erhalten haben.

Man kann wohl dennoch aus den vorhandenen Quellen entnehmen, dass jährlich oder auch im Abstand von zwei Jahren, meist im Winter ein Jahr- oder Vogtgericht am erwähnten Ort zusammenkam, um beispielsweise die Ämter im Dorf zu besetzen.[15] Im Jahr 1629 etwa waren dies stolze 6 Richter, 2 Heiligen- und 2 Gemeindepfleger.[16] Dann konnten auch noch sogenannte Untergänger bestimmt werden, wie etwa der Dorfschütz, der wohl als eine Art Dorfpolizist zu verstehen war. Ebenso sind sicherlich auch die Dorfhirten und der Briefträger dort bestimmt und später aus der Gemeindekasse bezahlt worden.

Um auf Jakobs Tätigkeit am Gericht zurückzukommen – vielleicht war er einer der ausgewählten Richter. Doch hatte dieses Richteramt dann

---

[14] Müller [2], S. 67
[15] ebd., S. 54, 55
[16] ebd., S. 54

wohl eher die Bedeutung, einen vertrauenswürdigen Bürger im dörflichen Rat mitentscheiden zu lassen, wenn es um kleinere rechtliche Auseinandersetzungen ging.

Über Jakobs Frau Anna erfährt man kaum etwas aus den alten Kirchenbuch-Aufzeichnungen. Sie soll vor 1653 geboren sein und ihren Mann vor 1674 geheiratet haben. Über ihren Mädchennamen ist nichts zu entnehmen. Auch ihr Todesdatum bleibt vergleichsweise unpräzise, November 1723. Immerhin ist sie, wie auch ihr Mann, recht alt geworden. Er war mindestens 72, als er im Juni 1722 gestorben war und sie bei ihrem Tod, ein Jahr später, mindestens 70 Jahre alt.

Drei Kinder werden in den Unterlagen erwähnt. Neben dem ältesten Sohn Michel, der die weitere Linie unseres Familienzweiges fortsetzt, kamen noch zwei Mädchen zur Welt: Anna 1678 und Maria 1685.

Anna brachte unehelich mit 21 Jahren eine Tochter Catharina zur Welt und heiratete sechs Jahr später nicht den Kindsvater, sondern den Taglöhner Johannes Kohler, der aber bereits 1708 nach nur zwei Jahren Ehe verstarb. Danach blieb Anna bis zu ihrem Tod mit 63 ½ Jahren Witwe. Laut Kirchenbuch ging aus dieser kurzen Ehe noch ein gemeinsames Kind hervor: Sohn Johannes, der sich später 1736 in Ehningen verheiratete. Auch dieser Sohn war zunächst unehelich, denn die Hochzeit erfolgte erst ein Jahr nach seiner Geburt.

Die jüngere Schwester Maria heiratete 1707, also mit 22, den mit viel Text im Kirchenbuch bedachten Georg Schlosser aus Gösslingen. Dieser Georg Schlosser, Jahrgang 1683, soll schon in Gösslingen zwei uneheliche Kinder hinterlassen haben, bevor er als Knecht beim Müller Sämann (andere Schreibweise: Seemann) zuerst dessen Tochter schwängerte und einige Monate später auch noch Maria Schatz. Da ihm der Müller die Hochzeit mit der Tochter verweigerte, verdingte sich Georg Schlosser als Söldner, heiratete dann aber Maria Schatz, was ihn laut Kirchenbuch wieder vom Kriegsdienst befreite.

Die Familie des Müllers Seemann gehörte schon lange zu den reichsten Bewohnern des Ortes. In einem überlieferten Vermögens-Verzeichnis von 1628 rangiert bereits ein Vorfahr dieses Müllers zusammen mit dem damaligen Vogt Jakob Bürck gemeinsam und mit einem ziemlichen Vorsprung auf Platz Eins.[17] Deren beider Vermögen belief sich damals nach Abzug aller Verpflichtungen auf jeweils über 3000 Gulden. Ihre Familien waren reiche Bauern, die außerdem mit der Mühle und der Schmiede jeweils einen der beiden wichtigsten Gewerbebetriebe besaßen. Hier hatte der Georg Schlosser keine Chance gehabt, sich ein reiches Erbe zu erheiraten. Stattdessen war er mit der wohl eher mittellosen Maria Schatz zusammen gekommen, denn die Schatzens unserer Linie hatten es auch einige Generationen später noch nicht einmal geschafft, ein eigenes Haus zu erwerben (vgl. [2]).

Wider Erwarten währte diese Ehe aber 41 Jahre bis zum Tode Georgs und brachte elf Kinder hervor, von denen allerdings nur fünf erwachsen wurden: Jacob, Georg, Christian, Johann Martin und Anna Barbara. - Georg Schlosser hatte offenbar seinen Platz gefunden, er starb als „Bürger und Dorfschütz". Maria überlebte ihren Mann um 9 Jahre und starb im Alter von 72 Jahren.

---

[17] Müller [2], S. 64

Familien-Generation 2

Michel, der 1674 geborene älteste Sohn von Jakob und Anna Schatz, wurde im Kirchenbuch geführt als „Bürger und Söldner; Schäfer".

Welch interessante Kombination! Ein Söldner der später zum Schäfer wird. Was genau war wohl ein solcher Söldner? Grundsätzlich gilt seit der Antike, dass unter einem Söldner „ein gegen Bezahlung (Sold) angeworbener, zumeist zeitlich befristet dienender und durch Vertrag gebundener Soldat"[18] zu verstehen ist. Das Söldnerwesen prägte vom Mittelalter bis zur Französischen Revolution das europäische Militärwesen und wurde erst allmählich durch die Aufstellung stehender Heere verdrängt.[19] In wessen Diensten wohl Michel gestanden hatte? Ob er an kriegerischen Einsätzen teilgenommen hatte? Von 1688 bis 1697 währte der Pfälzische Erbfolgekrieg, der durch immer wiederkehrende französische Angriffe auch bis nach Württemberg getragen wurde. Erst danach herrschte dort ein längerer Frieden.

Geheiratet hat Michel mit 24 Jahren die zwei Jahre jüngere Agatha Schwartz aus dem gleichen Ort Rotenzimmern. Ob er bis zur Hochzeit als Söldner sein Geld verdient hat? Oder auch noch danach? Und wie man wohl als Schäfer eine solch große Familie, siehe Bild 3, ernähren konnte? Fragen, die sich heute kaum mehr klären lassen.

---

[18] Wikipedia: „Söldner"
[19] ebd.

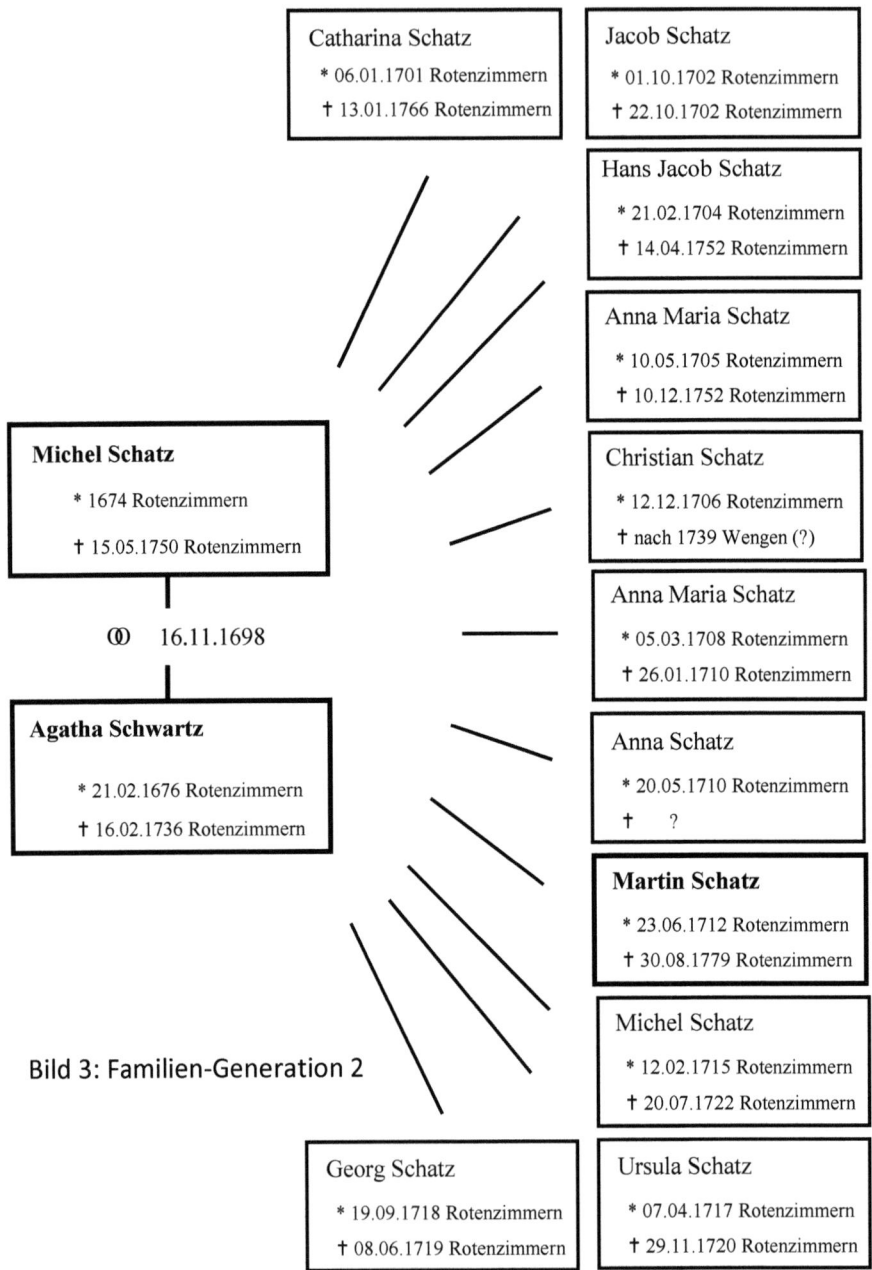

Bild 3: Familien-Generation 2

Die Ehe erwies sich als recht fruchtbar. Elf Kinder erblickten das Licht der Welt, doch nur sechs von ihnen wurden erwachsen. Der erste Sohn, Jakob, lebte nur drei Wochen, seine sechs Jahre jüngere Schwester Anna Maria starb zwei Monate vor ihrem zweiten Geburtstag und die letzten drei Kinder, von ihrer Mutter Agatha erst im Alter zwischen 39 und 42 zur Welt gebracht, starben ebenfalls im frühen Kindesalter. Es muss auf die Familie wie ein böser Fluch gewirkt haben, als es 1719 erst den Jüngsten, Georg, gerade ein Dreivierteljahr alt, aus der Familie riss und ihm 1720 die dreijährige Ursula und 1722 der siebenjährige schwerbehinderte Michel folgten.

Wie sich die Eltern danach gefühlt haben mögen – man kann es nur mutmaßen. Mutter Agatha starb mit 60, nach 38 Ehejahren und wurde von ihrem Mann noch um 14 Jahre überlebt. Wenn man die Kirchenbucheintragungen verfolgt, so enthalten sie bis auf die Eckdaten kaum eine Information über das Leben der dort aufgeführten Menschen. Allerdings gibt es eine Ausnahme und die betrifft das Ableben der Personen. Im sog. Totenbuch erfährt man etwas über den Tod von Michel Schatz: „heftige Geschwulst an den Füßen nach langw. Krankenlager". Hätte man doch ein wenig mehr über sein Leben erfahren!

Michel Schatz war bei seinem Tod 76 Jahre alt und hinterließ, wie das Kirchenbuch mitteilt „6 Kinder, meist verheir.". Daraus lässt sich schließen, dass 1750 noch Catharina *1701, Hans Jacob *1704, Anna Maria *1705, Christian *1706, Anna *1710 und der 1712 geborene Martin am Leben waren. Der jüngste unter ihnen, Martin, ist derjenige der Söhne Michels, der unsere Linie fortschreibt und daher in der grafischen Darstellung fett gedruckt erscheint.

Werfen wir noch kurz einen Blick auf die anderen Geschwister.

Die älteste, Catharina, ehelichte mit 23 den zwei Jahre jüngeren Schneider und späteren Schulmeister Hans-Jacob Thalmüller. Man hatte vier gemeinsame Kinder, doch nur die älteste Tochter, Anna Maria, wurde erwachsen und sollte ihrerseits Kinder haben. Catharina starb 1766 im Alter von 65 Jahren.

Hans Jacob wurde Stierhirt und erreichte ein Alter von nur 48 Jahren. Seine erste Ehefrau, Barbara Frommer, lebte von 1705 bis 1738. Mit ihr hatte er zwei Söhne, von denen nur der ältere, Hans Jacob, erwachsen wurde. Der jüngere starb noch als Säugling im Alter von knapp zwei Monaten. Es muss sich damals eine Tragödie abgespielt haben, denn die Kindesmutter war nur zwei Tage zuvor verstorben, vielleicht an einer Krankheit oder an den Folgen der Geburt. Kaum ein Jahr später heiratete Hans Jacob ein zweites Mal: Anna Maria Mathes (1707-1756). Die Ehe blieb kinderlos. Etwas eigenartig die Formulierung im Kirchenbuch: „mit 2 Weibern 24 J. im Ehestand". Das liest sich wie die abwertende Beschreibung eines Bigamisten. Tatsächlich war Hans Jacob aber mit der ersten Frau von „vor 1730" bis 1738 verheiratet und mit der zweiten von 1739 bis zu seinem Tod 1752, zusammen also wohl die angegebene Zeitspanne. Was sich da der damalige Chronist wohl gedacht haben mag?

Die nächste Schwester, Anna Maria, blieb ledig und starb ebenfalls noch recht jung, mit 47 Jahren.

Von ihrem ein Jahr jüngeren Bruder, Christian, erfährt man aus dem Kirchenbuch Rotenzimmern nur, dass er fortzog und 1739 in Wengen heiratete. Über die jüngste Schwester Anna (*1710) wird nichts berichtet.

Familien-Generation 3

Die nächste Generation unserer Familie wird von Martin Schatz, Jahrgang 1712, getragen. Er wird im Kirchenbuch, anders als sein Vater und sein Großvater, nicht als Bürger gekennzeichnet, sondern durch eine Berufsangabe. Er war Weber, heißt es da.

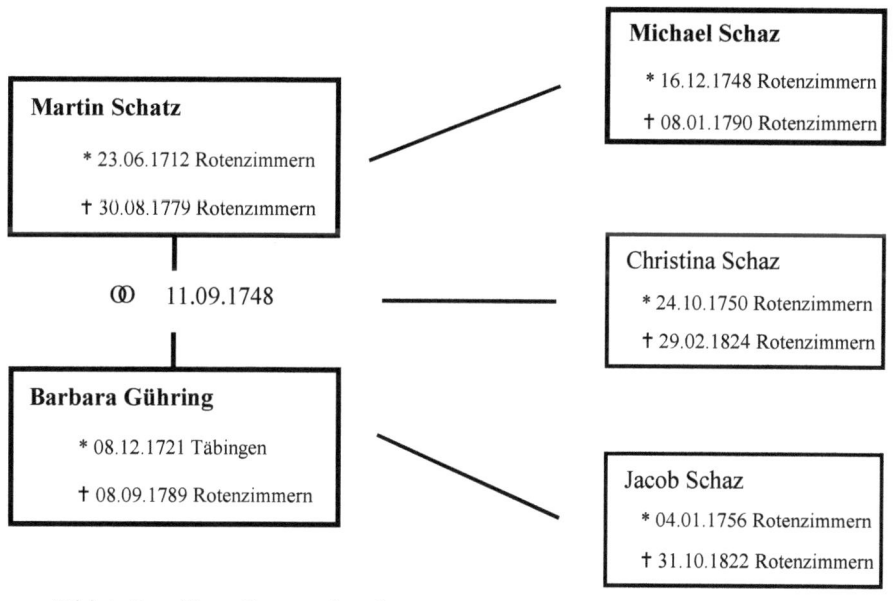

Bild 4: Familien-Generation 3

Darüber wird auch in der Ausführungen von Hans Peter Müller zur Rotenzimmerner Geschichte [2] berichtet. Laut dessen Angaben findet sich in den Nachträgen der Güterbücher von 1747 ab 1753 der Eintrag des Webers Schaz (zu der Namensschreibweise siehe weiter unten). In dem ganzen Ort lebten damals nur etwa 200 Seelen, darunter vor allem Bauern und Taglöhner sowie eine kleine Zahl von Handwerkern, darunter zwei Schmiede, zwei Bäcker, ein Schuster und zwei Weber, bald auch noch ein Schneider, ein Maurer und ein Zimmermann. Ab 1753 trat der Weber Martin Schaz hinzu.[20] Später führten seine beiden Söhne und auch sein Enkel Martin dieses Handwerk fort.

Im Alter von immerhin schon 36 Jahren heiratete unser Martin Schatz, 1748 noch Weberknecht, wie explizit im Kirchenbuch ausgeführt, die neun Jahre jüngere Barbara Gühring aus dem Nachbarort Täbingen. Bei welchem Weber er damals als Knecht arbeitete, bleibt unklar - vielleicht im Nachbarort Täbingen oder viel wahrscheinlicher bei den beiden ortsansässigen Webern Stierlein und Schneider, die laut [2] nachweislich 1747 gemeinsam ein Haus am Rothensteig bewohnten.[21] Auch Barbara Gühring fand auf Grund ihrer Tätigkeit – eine kleine Besonderheit – besondere Erwähnung, sie war Hebamme und als solche wohl über einen langen Zeitraum aktiv, denn im Totenbuch findet sich später die Angabe, dass sie eine „vieljährige Hebamme" gewesen sei.

Die Beziehung der beiden muss dem Ortspfarrer etwas sauer aufgestoßen sein – vielleicht, weil das erste Kind Michael, die nächste Generation in unserer Reihe, schon drei Monate nach der Eheschließung das Licht der Welt erblickte. Jedenfalls schrieb der Pfarrer in das Kirchenbuch: „haben ihren Ehestand schon vorher angefangen durch unzüchtige That."

Nehmen wir heute einmal an, es war bei den Betroffenen eine Liebesheirat und nicht die Angst vor der Schande. Die Ehe währte dann noch über 30 Jahre und endete mit dem Tod Martins im Alter von 67 Jahren. Im glei-

---

[20] Müller [2], S. 69
[21] Müller [2], S. 69

chen Alter starb auch seine Frau, allerdings ein Jahrzehnt später, 1789, im Jahr der Französischen Revolution.

Wieder liefert das Totenbuch einige unangenehme Details zu den jeweiligen Todesursachen. Bei Martin wird „Engbrüstigkeit" und „Geschwulst" vermerkt, bei Barbara ebenfalls „Geschwulst". Doch was das genau heißen mag, bleibt in beiden Fällen offen.
Drei Kinder gingen aus dieser Ehe hervor, zwei Jungen und ein Mädchen. Der älteste, Michael, der unsere Linie fortsetzt, gefolgt von seiner zwei Jahre jüngeren Schwester Christina, die 74 Jahre alt wurde und dem Nachkömmling Jacob, der 1822 im Alter von 66 Jahren starb.

Interessanterweise hießen die Kinder allesamt Schaz mit Nachnamen. Und wenn man nicht dem Abdruck des Kirchenbuches [1] folgt, sondern sich den Originaleintrag im Kirchenbuch ansieht, wurde bereits der Vater als Martin Schaz geführt. - So wie er auch in anderen Dokumenten aus der Zeit erwähnt wird, siehe Ortsgeschichte [2], „der Weber Schaz"...

Das – so Brigitte Häberer vom Landeskirchlichen Archiv Stuttgart in einer E-Mail vom 8.12.2016 – sei keine Besonderheit. „Noch bis Ende des 19. Jhdts. kannte man eine „versteinerte" Schreibweise eines Namens, wie wir sie heute kennen, nicht. Es kann Ihnen hierbei durchaus begegnen, dass z.B. auf einer Familienregisterseite bei nachweislich derselben Familie unterschiedliche Schreibweisen auftauchen. Zu bedenken ist hierbei, dass viele Menschen nur eher selten schrieben. Die Pfarrer nahmen die Angaben meist nur phonetisch auf. Das bedeutet, dass Dehnungslaute wie „e" oder „h" mal geschrieben wurden oder auch nicht, harte und weiche Konsonanten wie „d" und „t" durchaus gleichwertig geschrieben wurden. Typisch ist auch der Austausch von „c" und „k" usw. Bei weiblichen Vornamen findet sich oft auch der Tausch von „a" und „e", also z.B. Regina und Regine. In kurzen Worten: eine „richtige" Schreibweise kannte man nicht."

Betrachten wir noch kurz, was aus den beiden Geschwistern Michaels geworden ist.

Christina heiratete 1790 den ein Jahr älteren Bauern Martin Mauth. Die Ehe blieb kinderlos. Ob die beiden, die erst in dem damals reiferen Alter von 40 Jahren vor den Traualtar fanden, schon vorher verheiratet waren, lässt sich aus dem Kirchenbuch Rotenzimmern nicht entnehmen. Christina wurde 74.

Der jüngere Bruder, Jacob, wurde Weber und heiratete mit 22 Jahren, 1778, Anna Maria Hüsser (1754-1837). Er wurde 66 Jahre alt, seine Frau überlebte ihn um 15 Jahre und erreichte ein biblisches Alter von 83 Jahren. In ihrer langen Ehe bekamen die beiden elf gemeinsame Kinder. Nur sechs von ihnen wurden erwachsen. Darunter zwei Männer, Jacob *1789 und Christian *1793, bei denen das Kirchenbuch den lapidaren Vermerk „† Rußland" enthält. Es ist davon auszugehen, dass die beiden jungen Männer als zwei von rund 14.000, nach anderen Angaben fast 16.000, württembergischen Soldaten im Heer Napoleons am Feldzug in Russland teilnehmen mussten und dabei ihr Leben ließen. Tatsächlich wurde in diesem Feldzug das württembergische Heer fast aufgerieben; von den vielen Tausend Württembergern kehrten nur knapp 700 zurück.[22] Der desaströse Feldzug fand 1812 statt; die beiden starben also wahrscheinlich im Alter von 19 bzw. 23 Jahren. Die verbleibenden vier Kinder waren der Zimmermann Michael (1783-1862), der Weber Johann Georg (1785-?), der 1810 in Isingen heiratete, der Taglöhner Matthias (1795-1852) und die Tochter Agatha (*1798), die 1820 uneheliche Mutter eines Sohnes Michael wurde und Jahre später nach Siebenbürgen auswanderte, weshalb sich bis auf diesen Vermerk auch keine weiteren biografischen Daten von ihr in [1] finden lassen.

---

[22] http://geschichtsverein-koengen.de/Gesch1806-1850.htm (abgerufen am 25.4.2016)

Familien-Generation 4

Michael Schaz, der älteste Sohn von Martin aus Generation 3, erblickte 1748 das Licht der Welt. Er wurde Weber - wie schon sein Vater und später auch sein acht Jahre jüngerer Bruder Jacob. Doch genau wie bei seinem Vater Martin wurde er im Kirchenbuch [1] nicht als Bürger der Gemeinde Rotenzimmern ausgewiesen.

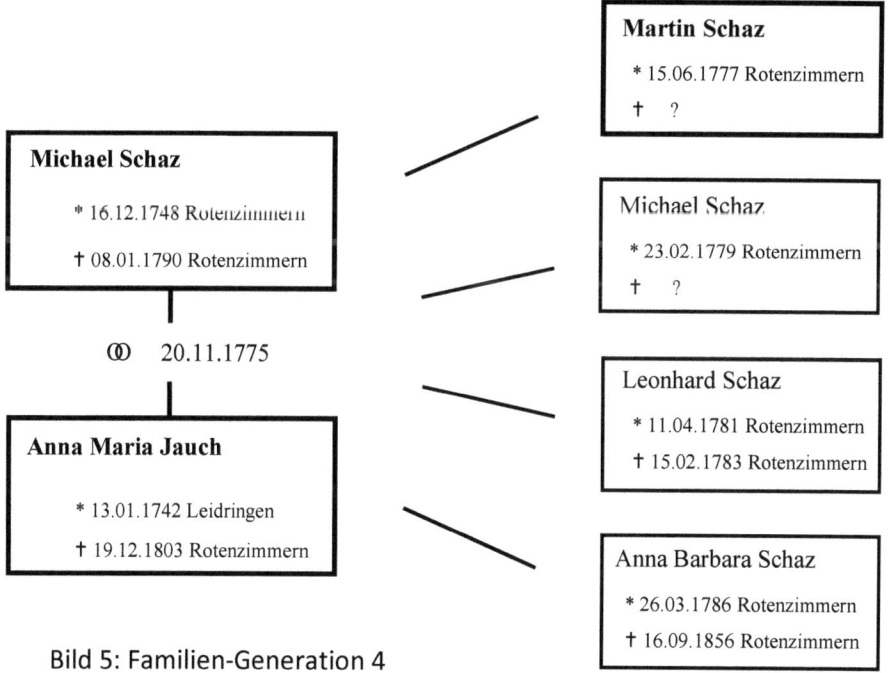

Bild 5: Familien-Generation 4

Im Alter von fast 27 Jahren heiratete er die rund sieben Jahre ältere Anna Maria Jauch aus Leidringen, damals fast 34 Jahre alt und offenbar bis dahin unverheiratet. Dafür brachte sie ein uneheliches Kind mit in die Ehe, über das sich in den Kirchenbuchaufzeichnungen außer diesem Hinweis keinerlei zusätzliche Angaben finden.

Die beiden Eheleute lebten gerade 15 Jahre miteinander, da starb Michael unerwartet früh im Alter von knapp über 41 Jahren. Wieder ist es ein „Geschwulst", das im Totenbuch als Todesursache angegeben wird. Seine Frau Anna Maria überlebte ihn um fast 13 Jahre und starb mit nicht ganz 62 Jahren an „Wassersucht".

Fünf Kinder entsprangen laut Kirchenbuch dieser Verbindung, eines davon, das vorletzte, war eine Totgeburt. Auch der 1781 zur Welt gekommene Leonhard wurde nicht einmal zwei Jahre alt. Das Kirchenbuch vermerkt bei seinem Todesdatum den Begriff „Gichter", was laut der Zeitschrift Computergenealogie/2002/Heft 2 häufig als Todesursache bei Kindern angegeben wurde und eine Erkrankung mit Krämpfen, hohem Fieber und Schüttelfrost meinte. Die Ursache waren meistens Darmerkrankungen zusammen mit Durchfall und Erbrechen, wodurch es zu Austrocknung, Mineralienmangel und Kräfteverfall kam. Mit Gicht hatte diese Erkrankung nichts zu tun.[23]

Das Erwachsenenalter erreichten dagegen die anderen drei: Martin, der älteste, der später nach Südrussland auswandern sollte und unsere Linie weiterführte, Michael, sein zwei Jahre jüngerer Bruder, der nachgewiesenermaßen 1817, also mit 38 Jahren noch am Leben war, weil er da als Bürge für seinen ausreisenden Bruder auftrat (siehe Anlage) und die erst 1786 zur Welt gekommene Anna Barbara.

Leicht kann es für diese Familie nicht gewesen sein, denn als der Vater 1790 viel zu früh starb, war der älteste Sohn Martin gerade 13 und die Tochter noch nicht einmal vier Jahre alt. Beim Tod der Mutter war das

---

[23] http://wiki-de.genealogy.net/w/index.php?title=Gichter&oldid=1446247 (abgerufen am 15.04.2017)

Mädchen erst 17 ½. Es ist daher anzunehmen, dass diese Rumpffamilie um die verwitwete Anna Maria eng mit der Familie ihres Schwagers Jakob Schatz verbunden war. Jakob und sein verstorbener Bruder Michael hatten beide als Weber - vielleicht im gleichen häuslichen Betrieb – gearbeitet, die Tochter Anna Barbara (*1786) war im gleichen Alter wie die älteren Kinder Jakobs und der Sohn Martin (*1777), unser Vorfahr, wurde genau wie sein Cousin Johann Georg (*1785) ein Weber. Er wird das Handwerk wohl bei seinem Onkel gelernt haben.

Anna Barbara heiratete 1814, elf Jahre nach dem Tod der Mutter, im Alter von 28 Jahren in Leidringen den zwei Jahre älteren Bauern Johann Michael Dannecker und hatte mit ihm neun Kinder, von denen allerdings vier im Kindesalter verstarben. Am Ende wurde sie 70 Jahre alt.

Über den ledigen Bruder Michael erfährt man im Kirchenbuch nichts mehr.

Familien-Generation 5

Mit Martin Schaz endet die Geschichte unseres Familienstranges in dem württembergischen Rotenzimmern. 1817 nämlich wanderte Martin mit Frau und neun Kindern aus nach Südrussland und kehrte nicht mehr zurück. Er war zum Zeitpunkt der Ausreise 40 Jahre alt und wurde im Kirchenbuch [1] als „Bürger und Weber" bezeichnet. Er hatte also im Gegensatz zu seinem Vater und seinem Großvater, die beide nur als Weber geführt wurden, einen etwas höheren Status innerhalb der Gemeinde erreicht.

Als Weber setzte Martin Schaz jetzt bereits in der dritten Generation das Gewerbe fort, das sein Großvater Martin begonnen hatte, wenngleich er jenen wohl nie bewusst erlebt hatte, da der Großvater bereits zwei Jahre nach Martins Geburt verstorben war. Nicht nur Martins Vater, auch sein Onkel Jakob war seines Zeichens Weber. Ob sie alle in der gleichen Manufaktur geschafft oder zuhause jeder für sich oder in einem kleinen Familienbetrieb gearbeitet hatten, lässt sich heute nicht mehr klären.

Auf alle Fälle hatte sich geradezu eine kleine „Weber-Dynastie" in Rotenzimmern herausgebildet, die dann aber wohl mit Martins Ausreise und spätestens dem Tod seines Onkels Jakob 1822 endete. (Dessen Sohn Johann Georg, also Martins Cousin, war auch Weber, hatte sich aber im Nachbarort Isingen verheiratet und war wahrscheinlich dort geblieben, weil er in den Kirchenbuchaufzeichnungen Rotenzimmerns nicht mehr erwähnt wird.)

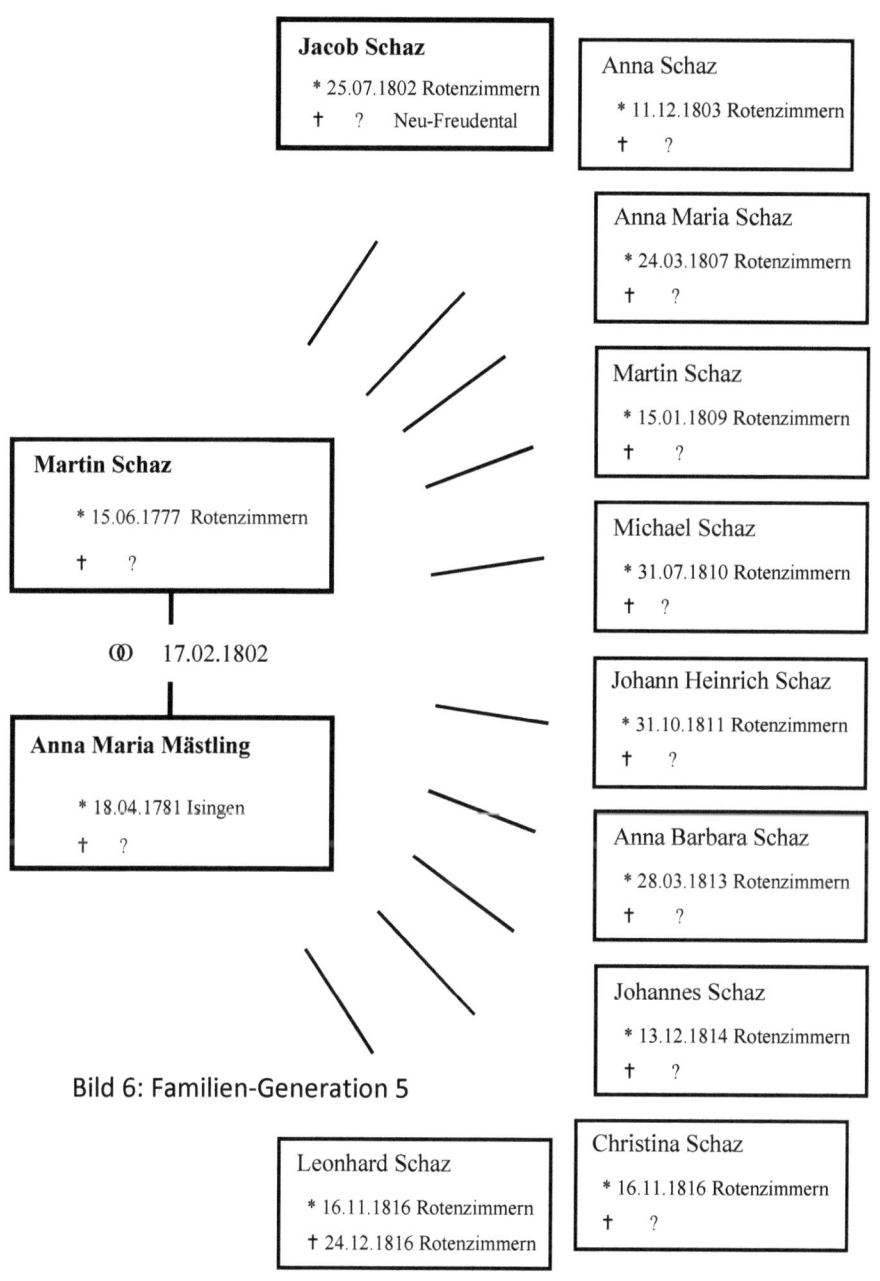

Bild 6: Familien-Generation 5

Auch Martin heiratete eine junge Frau aus Isingen. Mit 24 Jahren ehelichte er die 20jährige Anna Maria Mästling. Ihr erster Sohn Jacob kam fünf Monate nach der Eheschließung zur Welt, doch dieses Mal empörte sich kein Pfarrer über solche Umstände, nicht wie noch ein halbes Jahrhundert davor bei seinem gleichnamigen Großvater.

In den 15 Jahren ihres gemeinsamen Ehelebens in Rotenzimmern kamen zehn Kinder zur Welt, von denen nur eines früh den Tod fand. Es war ein Zwillingskind, Leonhard, das ausgerechnet Heiligabend 1816 starb, gerade erst fünf Wochen alt. Seine Zwillingsschwester Christina überlebte.

Rund ein halbes Jahr später war die Familie unterwegs nach Südrussland. Vater und Mutter 40 bzw. 36, der älteste Sohn Jacob 15, seine Schwestern und Brüder zwischen 13 und einem halben Jahr alt.

Das Reiseziel scheint bei den Chronisten gewisse Irritationen hervorgerufen zu haben. In der Ausreisegenehmigung, siehe Anhang, steht pauschal „nach Russland", im Taufeintrag von Martin Schaz findet sich ein nachträglicher Vermerk: „1817 ausgewandert", siehe Bild 7. Allerdings ist wohl zunächst „nach Amerika" geschrieben und dann durchgestrichen worden. Auch in Müllers Beitrag zur Geschichte von Rotenzimmern [2] kommt diesbezüglich eine unrichtige Angabe vor: „Bekannt ist nur, dass 1817 das Ehepaar Schatz nach Russisch-Polen auswanderte."[24] Man erfährt leider nicht, auf welche Quelle sich Müller an dieser Stelle stützt, es kann jedenfalls kein Kirchenbuch gewesen sein, denn dort wurde das wahre Reiseziel festgehalten, siehe unten.

Bleiben wir noch ein wenig bei den geschichtlichen Betrachtungen von Müller [2]. Man darf wohl annehmen, dass die Ausreise 1817 von Martin mitsamt seiner Familie in dem kleinen Ort Rotenzimmern ein ziemliches Echo hervorgerufen hatte. Die Dorfbevölkerung lag zu der Zeit unter 220 Einwohnern und mit der 11-köpfigen Weber-Familie Schaz verließen immerhin 5% der Dorfbevölkerung ihre württembergische Heimat auf Nimmerwiedersehen.

---

[24] Müller [2], S. 71

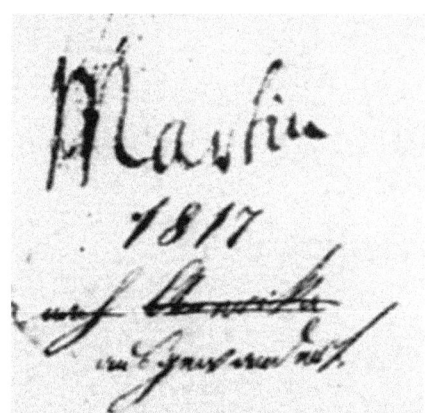

Bild 7: Nachträglicher Vermerk im Taufeintrag von Martin Schaz (*1777)

Dabei verlor Rotenzimmern auch noch seine Hebamme, denn die Ehefrau Martins war die gewählte Hebamme des Ortes und die anderen Frauen mussten danach eine neue finden.[25] Im übrigen war die Familie Schaz offenbar die erste Personengruppe, die Rotenzimmern ins ferne Ausland verlassen hatte – weitere sollten folgen. Bei Müller heißt es hierzu wörtlich: „In den veröffentlichten Auswandererlisten lassen sich etwa 60 Rotenzimmerner namentlich feststellen, in Wirklichkeit dürften es aber erheblich mehr gewesen sein. Angefangen hat es im Notjahr 1817, als ein Ehepaar nach Russisch-Polen zog. Ab 1840 setzten dann Auswanderungen nach Nordamerika ein, die sich bis 1872 hinzogen, während 1884 noch einige Nachzügler zu verzeichnen waren."[26]

Warum war Martin Schaz diesen Schritt gegangen?

---

[25] Müller [2], S. 71
[26] ebd., S. 105

Die Ausreise und ihre Hintergründe

Im Jahr 1817 sind genau wie Martin Schaz noch andere Württemberger ausgewandert – man zählte mehr als 17.000, davon rund 9.400 in Richtung Russland.[27] Es war dies die im Zeitraum von 1800 bis 1820 mit Abstand größte Einzelauswanderung innerhalb eines Jahres. Insgesamt sind in diesen zwanzig Jahren rund 15.500 Württemberger nach Russland gezogen[27].

Man fragt sich unwillkürlich: warum Russland und warum gerade 1817?

Beginnen wir mit der ersten Frage. Russland als Auswanderungsziel war durch einen Erlass der aus Deutschland stammenden russischen Kaiserin Katharina der Großen (Regierungszeit 1762 bis 1796) für Aussiedler höchst interessant geworden. Am 22. Juli 1763 unterschrieb die damals noch junge Kaiserin das sogenannte „Einladungsmanifest", bei dem es unter Punkt 1 hieß: "Wir, Catharina die Zweite, Zarin und Selbstherrscherin aller Reußen zu Moskau, Kiew, ... Verstatten allen Ausländern, in Unser Reich zu kommen, um sich in allen Gouvernements, wo es einem jeden gefällig, häuslich niederzulassen".[28]

---

[27] Stumpp [3], S. XIII
[28] http://www.russlanddeutschegeschichte.de/start_deutsch.htm; Herausgeber: Wolfgang Kagel, Berlin. Wortlaut des Katharina-Manifestes unter Teil I, 2.2.3, des Kolonistengesetzes unter Teil I, 3.2. (abgerufen im April 2017)

Ein Ziel dieser Einladung war die Urbarmachung bislang weitestgehend unbesiedelter Gebiete. Den sogenannten Kolonisten wurden zahlreiche Vergünstigungen in Aussicht gestellt. Sollten Sie als Siedler Land bewirtschaften, so sollten ihnen geeignete Flächen zur Verfügung gestellt werden, sie sollten auf 30 Jahre befreit bleiben von Steuern und anderen Abgaben sowie ohne zeitliche Einschränkung von jedem Militär- oder Zivildienst. Sie durften sich eine eigene Verwaltung aufbauen. Ihnen wurde grundsätzliche Religionsfreiheit im christlichen Sinne erteilt, mit dem Recht, eigene Kirchen zu bauen und zu unterhalten. Das alles wurde dadurch noch attraktiver, dass die Reisekosten vom russischen Staat übernommen und für den Hausbau und den Ankauf von Geräten aller Art ein zinsloser Kredit gewährt wurde, der erst nach frühestens zehn Jahren zurückzuzahlen war.[28]

Durch ein Kolonistengesetz, das ungeachtet einiger Änderungen von 1764 bis 1871 Gültigkeit hatte, wurden weitere Einzelheiten geregelt. Am interessantesten war sicherlich die Festlegung zur Größe der Landparzellen. Jede Familie erhielt 30 Dessjatinen[29] Land zur Erbleihe. Das Land durfte nicht geteilt, verkauft oder verpfändet werden. Es blieb Eigentum der Gemeinde.[28]

Natürlich hatte das auch einen Preis: die Siedler wurden zu Untertanen im russischen Reich und hatten nach Ablauf der maximal 30 sogenannten Freijahre die gleichen Abgabepflichten wie alle anderen russischen Staatsangehörigen. Sie blieben aber vom Militärdienst befreit. Außerdem war ihnen freigestellt, das Land jederzeit zu verlassen, wenn Sie gewisse Abgaben aus ihren Einkünften entrichteten.

Tatsächlich führte dieses Einladungsmanifest zu einer ersten großen Auswanderungswelle. Zwischen 1763 und 1772 zogen nach übereinstimmenden Angaben in der Literatur (z.B. bei Pleve, Eisfeld[30]) rd. 30.000 Kolonisten vorwiegend aus den süd- und südwestlichen deutschen Kleinstaaten

---

[29] 1 Dessjartine = rd. 1,1 Hektar = rd. 11.000 qm = rd. 3,5 Morgen = rd. 1,5 Bundesliga-Fussballplätze
[30] Pleve, Eisfeld: Einwanderung in das Wolgagebiet 1764-1767, Institut für Kultur und Geschichte der Deutschen, 2008.

(Nordbayern, Baden und Hessen), aber auch aus der Schweiz, dem Elsass, aus Holland und sogar Italien in das russische Reich. Der größte Anteil von ihnen wurde in der Gegend bei Saratow auf beiden Seiten der Wolga angesiedelt. Es entstanden dort etwa 100 Kolonien, das wolgadeutsche Gebiet.

Im Jahr 1804 unterzeichnete der Enkel Katharinas und jetzt amtierende Zar Alexander I. (Regierungszeit 1801 – 1825) ein weiteres Manifest zur Ansiedlung ausländischer Kolonisten. Zwischenzeitlich hatte sich nämlich das russische Reich durch seine Erfolge in den Türkenkriegen (Friedensverträge 1774/1792) bis zum Schwarzen Meer nach Südwesten vergrößert und es galt, dieses sogenannte „Neurussland", das vor allem aus Steppe bestand, landwirtschaftlich nutzbar zu machen.

Aus den Erfahrungen mit den Ansiedlern im Wolgagebiet hatte man einige Änderungen vermerkt. Es sollte jetzt bei den Zuwanderern eher um Qualität als um Quantität gehen. Gesucht wurden "Einwanderer, welche in ländlichen Beschäftigungen und Handwerken als Beispiel dienen können ...".[31]

Um Abenteurer und Glücksritter möglichst abzuschrecken, sollten die Kolonisten jetzt verheiratet sein, Kinder haben und über ein nachzuweisendes Barvermögen von 400 Rubeln bzw. 300 Gulden verfügen. Im Wesentlichen blieben aber die Angebote aus dem Einladungsmanifest Katharinas erhalten, wenngleich etwa die Zahl der Freijahre bei Steuern und anderen Abgaben nur noch zehn Jahre betrug. Dagegen sollte sich die Landzuweisung für die Siedler im Schwarzmeergebiet sogar verdoppeln, auf 60 Dessjartinen.[31] Das entsprach rd. 210 Morgen Land, einer riesigen Fläche. Zur Erinnerung: der gesamte Gemeindebesitz von Rotenzimmern lag bei 550 Morgen.

---

[31] http://www.russlanddeutschegeschichte.de/start_deutsch.htm; Herausgeber: Wolfgang Kagel, Berlin. Wortlaut des Alexander-Manifestes unter Teil I, 3.3 (abgerufen im April 2017)

Kommen wir jetzt zu der zweiten Frage: Warum war der Andrang nach Russland ausgerechnet 1817 derartig groß und warum entschied sich auch das Ehepaar Martin und Anna Maria Schaz zu diesem Schritt?

Zunächst einmal muss man wissen, dass in Württemberg von 1807 bis 1816 ein Auswanderungsverbot bestand, das zurückzuführen war auf die erste Auswanderungswelle nach Südrussland.[32] Nach dem Manifest von Alexander I. aus dem Jahr 1804 hatten sich nämlich vor allem viele Württemberger auf den Weg gemacht, um am Schwarzen Meer eine neue Existenz zu beginnen. Als diese Abwanderung zu groß wurde, schob man ihr von staatlicher Seite einen Riegel vor. Daher war 1816/1817 wohl von einem gewissen Auswanderungsstau auszugehen, zumal – wie man bei Stumpp nachlesen kann - die zehn Jahre vorher Ausgereisten häufig durch Briefe auf ihre Verwandten einwirkten, es ihnen gleich zu tun.[33]

Letzteres ist wohl bei Familie Schatz in Rotenzimmern auszuschließen, da man seit über zweihundert Jahren in diesem Ort lebte und niemand vor Martin Schaz ausgewandert war. Man kann natürlich nicht wissen, ob vielleicht auswärtige Freunde oder die Geschwister der Frau aus Isingen in dieser Richtung aktiv geworden waren. Möglich wäre es, aber wohl eher unwahrscheinlich.

Auch war die evangelische Familie Schatz laut Kirchenbüchern bislang nicht durch besondere Religiosität oder eine sektiererische Glaubensausrichtung aufgefallen. Also kann man bei Anna und Martin wohl nicht davon ausgehen, dass es die Nutzung der angebotenen Religionsfreiheit war, die sie mit anderen Glaubensbrüdern und Glaubensschwestern nach Russland geführt hätte.

Tatsächlich aber spielte so etwas bei vielen Auswanderern gerade im Jahr 1817 eine große Rolle, auch wenn es fast ausschließlich nur die Ausreisenden oder Gesuchsteller (da bleibt die Quelle[34] nicht ganz eindeutig) des

---

[32] Stumpp [3], S. X, XI
[33] ebd., S. XV
[34] ebd., S. XIX

ersten Quartals betraf. Bei diesen Leuten war die Ausreise zu mehr als der Hälfte religiös motiviert - „religiöse Schwärmerei", wie es Karl Stumpp in [3] bezeichnete. Bereits ab April 1817 bis zum Ende seiner Übersicht Dezember 1820 dominierte laut Stumpp [3] bei den Ausreisenden aber etwas ganz anderes: „mangelnde Nahrung, Vermögenszerfall, Hoffnung auf besseres Glück".[35] Stumpp selber, der seine Auswertung aus den wohl formelhaft gestellten Fragen und Antworten nach der Motivation aus alten Archivunterlagen zusammengestellt hatte, vermutete allerdings, dass der Anteil der religiös motivierten Auswanderer insgesamt höher gewesen sein dürfte, da „das offene Bekenntnis zum Separatismus sichtlich unterlassen wurde, um Einwände zu vermeiden".[36] Unter „Separatisten" sind wegen ihrer Abkehr von den Vorgaben der Landeskirche insbesondere die „radikalen Pietisten" zu verstehen, die damals aus Württemberg vor allem nach Kaukasien gezogen sind, zum Beispiel in die Nähe von Tiflis.[37]

Betrachten wir nunmehr jene Gründe, die tatsächlich verantwortlich gewesen sein mögen für den Abschied der Familie Schaz aus Rotenzimmern.

Ein Zusammenhang, den man erst Anfang des 20. Jahrhunderts feststellte, bestand zwischen dem berüchtigten „Jahr ohne Sommer" 1816 und dem Ausbruch des Vulkans Tambora auf der indonesischen Insel Sumbawa ein Jahr zuvor. Dieser Ausbruch gilt als der größte seit mindestens 25.000 Jahren.[38]

Die gigantische Eruption der Vulkanstärke 7 führte zu einem vulkanischen Winter, der 1816 weite Teile von Nordamerika und Europa im Griff hatte. Asche und Schwefelsäure-Aerosole verteilten sich global und ließen die globalen Durchschnittstemperaturen im Folgejahr der Eruption um 3 °C sinken. Chaotische Wetterverhältnisse, Missernten und dadurch bedingte

---

[35] Stumpp [3], S. XIII
[36] ebd. S. XV
[37] Wikipedia: „Radikale Pietisten", „Kaukasiendeutsche"
[38] Wikipedia: „Tambora"

Hungersnöte waren die Folgen. Daher ging das Jahr 1816 als "Das Jahr ohne Sommer" in die Geschichtsbücher ein.[39]

Das Online-Portal zur deutschen Geschichte LeMO – Lebendiges Museum Online schreibt dazu: „Das nasskalte Wetter brachte 1816 in seinem Gefolge schwere Regen- und Hagelschauer mit, die zu Überflutungen führten und die Getreide- und Kartoffelernte in vielen Teilen Deutschlands dezimierten. Die dadurch hervorgerufene Verknappung an Grundnahrungsmitteln resultierte in teils extremen Teuerungen auf den deutschen Märkten, die ihren Höhepunkt im Mai/Juni 1817 erreichten und besonders die bereits in Normaljahren am Existenzminimum lebenden Gesellschaftsschichten in noch größere Bedürftigkeit stürzten. Hilfe wurde sowohl von den deutschen Staaten, als auch privater Seite organisiert, wobei die angespannte Lage erst durch die Ernte des Sommers 1817 entschärft werden konnte."[40]

Diese aktuelle Katastrophe aus Hungersnot und Teuerung war offenbar der letzte Anstoß, den es gebraucht hatte, um das Ehepaar Schaz endgültig zur Auswanderung zu bewegen. Doch die gewichtigeren Beweggründe müssen schon früher herangereift sein und sind vielleicht besser nachvollziehbar, wenn man den historischen Kontext in Betracht zieht.

1815 endete das Zeitalter Napoleon Bonapartes und damit eine Zeit der französischen Dominanz auf dem Kontinent und zahlreicher kriegerischer Auseinandersetzungen. Württemberg hatte sich bereits 1805 (Vertrag von Ludwigsburg) mit Napoleon verbündet, war Anfang 1806 Königreich geworden und seit Juni 1806 Mitglied im Rheinbund. Die teilweise bis zu 40 deutschen Mitgliedsstaaten des Rheinbundes waren in hohem Maße

---

[39] http://www.vulkane.net/vulkanismus/katastrophen/tambora.html (abgerufen am 5.5.2017)
[40] https://www.dhm.de/lemo/kapitel/vormaerz-und-revolution/alltagsleben/die-hungersnot-181617.html; Online-Portal des Deutschen Historischen Museums, Berlin (abgerufen am 6.5.2017)

abhängig vom Willen Napoleons. Insgesamt war der Rheinbund ein an Frankreich gekettetes Militärbündnis.[41]

In Württemberg wurde 1806 zudem die allgemeine Wehrpflicht eingeführt. Um dem französischen Kaiser Heerfolge zu leisten, wurden nun ständig neue Soldaten ausgehoben, immer mehr junge Männer von der Wehrpflicht erfasst.[42] Die württembergischen Truppen beteiligten sich an den Feldzügen Napoleons von 1806 und 1807 gegen Preußen, 1809 gegen Österreich, 1812 gegen Russland sowie 1813 gegen Preußen, Russland und Österreich[42]. Insbesondere die im Russland-Feldzug fast komplett aufgeriebene württembergische Armee hinterließ tiefe Wunden in der Bevölkerung.

Das betraf auch die Familie Schaz in Rotenzimmern. Martins Cousins Jacob und Christian hatten 1812 mit 19 bzw. 23 Jahren in Russland ihr Leben lassen müssen, siehe Generation 3. Man kann sich gut vorstellen, dass die Möglichkeit, so etwas den eigenen Kindern zu ersparen, indem man sie mitnimmt in ein Land, in dem keinerlei Kriegsdienst drohte, einen gewichtigen Grund für eine Ausreise darstellen würde.

Eine weitere Folge der militärischen Konfrontation zwischen Frankreich und England in den vorangegangenen Jahren betraf den Beruf Martins, das Weberhandwerk. Karl Stumpp schrieb dazu in [3]: „Die Kontinentalsperre unterband einerseits die Zufuhr ausländischer Rohstoffe wie z.B. der Baumwolle für das Gewerbe; gerade Württemberg wurde als altes Weberland davon getroffen. Andererseits ließ sie eine verstärkte Nachfrage nach den sonst von England gelieferten oder im Kriege nötigen Waren entstehen. Die Folge war Arbeitslosigkeit in einigen Gewerben wie der Weberei, übermäßige Ausweitung in anderen wie der Wagnerei und der Sattlerei. Nach der Aufhebung der Kontinentalsperre überschwemmte England den

---

[41] Seite „Rheinbund". In: Wikipedia, Die freie Enzyklopädie. Bearbeitungsstand: 11. Juli 2017, 08:24 UTC. URL: https://de.wikipedia.org/w/index.php?title=Rheinbund&oldid=167165928 (Abgerufen: 21. August 2017, 09:21 UTC)
[42] http://geschichtsverein-koengen.de/Gesch1806-1850.htm (abgerufen am 6.5.2017)

europäischen Markt mit seinen aufgestapelten Waren zu Preisen, mit denen der deutsche Erzeuger nicht wetteifern konnte."[43]

Vielleicht ahnte Martin damals, dass sich die Zeit für einen vorindustriellen Weber dem Ende näherte, dass es nicht so weiterlaufen konnte wie bei seinem Vater, Onkel oder Großvater, mit ihren kleinen häuslichen Werkstätten. Zumindest realisierte er wohl für sich keine Perspektive mehr. Beruflich steckte er – davon ist auszugehen - in einer Sackgasse, aber er und seine Frau hatten die Verantwortung für immerhin noch neun Kinder zu tragen, nachdem ihnen am Weihnachtstag 1816 gerade das jüngste weggestorben war.

Was konnte man Neues beginnen, wenn man in einem Ort wie Rotenzimmern blieb, wo alle Erwerbsmöglichkeiten in festen Händen lagen, wo einige wenige Familien seit Jahrhunderten den Ton angaben und das Geld besaßen?

Martin Schaz und seine Frau entschieden sich daher, ihr Glück in der Ferne zu suchen.

Im Anhang findet sich eine Genehmigung des Württembergischen Departements des Inneren (Innenministerium) vom 2. Mai 1817 an das Oberamt Sulz, dass die Auswanderung des Martin Schaz genehmigt sei, er berechtigt sei, sich vom russischen Auswanderungsagenten einen Reisepass ausstellen zu lassen und nach Begleichung seiner Schulden die Auswanderung anzutreten. Als Bürge für eventuell noch bestehende Schulden tritt ein Michael Schaz ein (offensichtlich sein Bruder). Im Dokument werden als Auswanderungsberechtigte aufgeführt ‚Martin Schaz, sein Eheweib und 9 Kinder'. Der Zielort ist nicht näher spezifiziert, er enthält nur die allgemeine Angabe ‚Russland'.

---

[43] Stumpp, S. VIII

Eine Familie verschwindet

Nach der endgültigen Abreise Martins, wahrscheinlich im Sommer 1817, verlieren sich seine Spur und die seiner Familie.

Dass zumindest einer von den elf Ausgereisten irgendwo angekommen sein musste, lässt sich nach derzeitigem Stand nur indirekt nachweisen.

Im Kirchenbuch Bd. 7 der Gemeinde Rotenzimmern (siehe Bild 8) findet sich ein Nachtrag auf dem sog. Familienblatt von Martin und Anna Maria Schaz: „ausgewandert im Jahr 1817 nach Südrussland (Ukraine) Kreis Odessa Neufreudental."

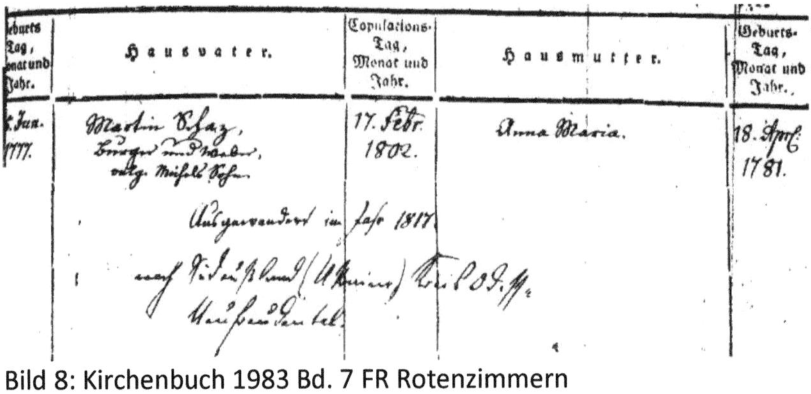

Bild 8: Kirchenbuch 1983 Bd. 7 FR Rotenzimmern

Die beiden letzten Zeilen müssen eine ziemliche Zeitspanne nach der Abreise 1817 zu Papier gebracht worden sein, weil sie erstens in einer anderen Handschrift als die anderen Einträge notiert wurden und zweitens Neu-Freudental erst 1828/9 gegründet wurde, siehe Anlage. Nachdem der

Ort 1828 zunächst unter dem Namen Klein Freudent(h)al als Tochterkolonie des älteren Freudentals von etwa 40 Siedlerfamilien (die genaue Anzahl lässt sich nicht eindeutig angeben) ins Leben gerufen wurde, einigte man sich, wie die Anlage belegt, bereits im Folgejahr auf den neuen Namen Neu Freudental. Wichtig: unter den Namen der unterzeichnenden Gründerfamilien findet sich kein einziger Schatz, d.h. die Gründung von Neu Freudental erfolgte ohne Mitwirkung unserer Familie.

Demnach muss der Nachtrag in den Kirchenbüchern von Rotenzimmern erst nach 1829 erfolgt sein. Wahrscheinlich aufgrund eines Briefes oder einer anderen Informationsquelle, die später als 1829 nach Rotenzimmern gelangt ist.

Doch wer ist da eigentlich irgendwann später in Neu-Freudental angekommen? War es das Ehepaar Martin und Anna Schaz mitsamt seinen neun Kindern?

Zur Beantwortung dieser Fragen hilft ein anderes Dokument weiter. In der Ukraine wurden im 19. Jahrhundert von russischer Seite mehrere Volkszählungen durchgeführt. Am bekanntesten ist der sog. Census von 1858, bei dem auch die Situation in Neu Freudental aufgenommen wurde. Diese in russischer Sprache durchgeführten Erhebungen wurden mehr als 100 Jahre später aufbereitet und liegen heute übertragen ins Englische vor, maßgeblich verantwortet von den amerikanischen Organisationen GRHS (The Germans from Russia Heritage Society) und AHSGR (American Historical Society Of Germans From Russia).

In dieser aufbereiteten Fassung der Volkszählung unter dem Titel „Neu Freudental – Liebental District Odessa – 1858 Census" [4] findet sich der Hinweis auf zwei Familien mit dem Namen Schatz, die 1858 in Neu-Freudental gelebt hatten. Unter der Nummer 24 die Kolonistenfamilie um Daniel Schatz, der 1806 in Russland eingewandert war und unter der Nummer 54 die Kolonistenfamilie von Jakob Schatz, der 1817 in Russland angekommen ist. Dieser Jakob Schatz wurde laut Census im Jahr 1802 geboren. Weitere Familien mit dem Namen Schatz lebten 1858 nicht in Neu-Freudental.

Revision List

Date 1858 March 1st
Odessa Kreis, Beresan Gebiet, Kolonie
Cherson Government
Neu-Freudental

Family		Male	arrivals after last revision	departed	current
9th	10th	Colonists	age	when	age
		Arrived 1817			
54	54	Jakob Schatz	48		56
		sons:			
		1. Johannes	23		31
		Johannes' sons: Jakob	1		9
		Martin	newborn		4
		Heinrich	newborn		1/4
		2. Martin	21		29
		Martin's son: Wilhelm	newborn		7
		3. Jakob	15		23
		4. Leonhard	9		17
			current total of males		9

Bild 9: Auszug aus „Neu Freudental, Liebental District Odessa, 1858 Census" [4]; hier: männliche Familienmitglieder mit gerundeten Altersangaben

Vergleicht man diese beiden Fundstücke (Bild 8 und 9) miteinander, so scheinen sie fast von alleine zusammenzuwachsen. Da ist auf der einen Seite in Rotenzimmern Martin Schaz, der 1817 mit seiner gesamten Familie, also auch seinem ältesten Sohn Jacob, geboren 1802, nach Russland auswandert. Irgendwann später gelangt eine Botschaft zurück in die alte Heimat, laut derer man in Neu-Freudental lebe und dann – auf der anderen Seite - findet sich beim Census 1858 in Neu-Freudental ein Jakob Schatz, der 1802 geboren und 1817 nach Russland gekommen ist. Wir können also davon ausgehen, dass Jakob Schatz in Neu-Freudental und Jacob Schaz aus Rotenzimmern identisch sind.

Die unterschiedlichen Namensschreibweisen lassen sich dabei recht einfach erklären. Zum einen gilt das Gleiche wie bereits weiter oben bei Familien-Generation 3 ausgeführt, zum anderen wurden im Original-Census die Namen in russischer Schrift notiert und später ins Englische transkribiert. Dabei haben die Bearbeiter versucht, geläufige deutsche Namensschreibweisen zu verwenden.[44]

Doch bleibt eine andere Frage: was wurde aus den Eltern Martin und Anna Maria, was wurde aus den acht Geschwistern, die im Jahr 1858 zwischen 41 und 56 hätten gewesen sein müssen?

Die Antwort ist enttäuschend. Der Verfasser dieser Schrift hat nichts über Ihren Verbleib gefunden.

Wenn man sich als deutschrussischer Ahnenforscher betätigen möchte, stellen die sog. St. Petersburger Archive eine wichtige Quelle dar. Es handelt sich dabei um eine Aufzeichnung und Transkription alter Kirchenbücher der Evangelisch-Lutherischen Kirche in Russland für die lutherischen Gemeinden um Odessa von 1833 bis 1885 [5], die aus dem St. Petersburger Archiv stammen. Die gesammelten Daten sind auf Mikrofilm aufgenommen, transkribiert und digitalisiert worden. Zwar ist die Sammlung nicht ganz lückenlos (es fehlen zum Beispiel ganze Jahre in den Aufzeichnungen; 1834, 1849, 1865/66, 1872/73, 1880),[45] aber insgesamt ist die Liste recht verlässlich und einigermaßen flächendeckend. Mittlerweile sind diese Aufzeichnungen in englischer Fassung nach Ortschaften aufbereitet worden, sodass man im Internet, zum Beispiel bei http://www.odessa3.org schnell Angaben über Geburten, Hochzeiten und Todesfälle finden kann.

---

[44] Census 1858 [4], Vorwort
[45] St. Petersburg Archives, Film index for Beresan, Glueckstal, Liebental, Odessa (J. Gessele), Published by the Odessa Digital Library - 22 May 1996, Introducing Note, auf: http://www.odessa3.org

Aber auch diese recht umfangreiche Quelle liefert keinen belastbaren Hinweis auf die fehlenden Mitglieder der Familie. Und das – obwohl im Jahre 1833 die Eltern Martin und Anna Maria erst 56 bzw. 52 gewesen wären und die Geschwister zwischen 17 und 30, d.h. alle noch jung genug, um später in den Aufzeichnungen irgendwo zu erscheinen. Es ist tatsächlich sehr mysteriös, dass man in den zugänglichen Petersburger Archivlisten bis auf Jakob Schatz praktisch keine Spuren auch nur eines weiteren Mitglieds unserer Auswandererfamilie finden kann.

Vielleicht – und auch das ist eine Möglichkeit - haben nur wenige Mitreisende der elfköpfigen Auswandererfamilie ihr Ziel Russland tatsächlich erreicht, oder sie sind bereits vor dem Zeitraum verstorben, den die veröffentlichten St. Petersburger Aufzeichnungen erfassen. Beides keine erfreulichen Möglichkeiten.

Karl Stumpp hat in seinem Buch über die Ostwanderung der Württemberger [3] auch von der schwierigen Anreise berichtet. Sie konnte über die Donau als Transportweg erfolgen und von Ulm bis nach Ismail in der Nähe des Schwarzen Meeres verlaufen. Erst danach war über Land das letzte Wegstück mit großen Wagen bis in die Region Odessa zu absolvieren. Oder man passierte mehr oder weniger große Landwege, je nachdem, wo man von der Fährstrecke abbog, ob schon von Anfang an, in Wien, vor Pressburg, in Budapest oder anderswo. Doch was man auch wählte, die Hinreise dauerte im Schnitt mindestens zwei bis vier Monate.[46]

Wie fatal eine solche Anreise werden konnte, wurde von Stumpp [3] an drei authentischen Reiseberichten aus dem Jahr 1817 illustriert. Unter den mangelnden Sicherheitsbedingungen kam es zu zahlreichen Unfällen, vor allem aber waren es Krankheiten, die die Auswanderer befielen: die Pocken, Fieberattacken und ähnliches. Wahrscheinlich eine Folge der unhaltbaren hygienischen Bedingungen. All dies zwang an einzelnen Stationen der Reise zu längeren Aufenthalten oder Quarantänen unter freiem Himmel, die sich über Wochen hinziehen und häufig erst zu neuen Erkrankungen führen konnten. Viele Menschen starben, auch weil sie durch die An-

---

[46] Stumpp [3], S. XV sowie Übersichtsskizze im Buchanhang

strengungen am Ende ihrer Kräfte angelangt waren. In Ismail, dem Ziel der Bootsreise, sollten laut zeitgenössischen Angaben zu der Zeit bereits weit über 1000 tote Auswanderer begraben liegen. Es konnte sein, dass von Aussiedlerfamilien nur einzelne Kinder im Siedlungsgebiet ankamen und von dortigen Kolonisten aufgenommen werden mussten.

Ob so etwas auch die Familie Schaz getroffen hat - man weiß es nicht. Verwirrend bleibt es auf jeden Fall, dass jegliche Aufzeichnung über den Verbleib der Familie fehlt. - Bis auf möglicherweise eine Ausnahme: im ukrainischen Peterstal starb laut [5] am 8.2.1843 eine unverheiratete Anna Maria Schatz im Alter von angeblich genau 39 Jahren, zu der nichts weiter ausgeführt wurde. Es ist möglich, dass es sich hier um das drittälteste Kind handelte, die 1807 geborene Anna Maria, auch wenn diese 1843 tatsächlich erst 36 Jahre alt gewesen wäre und im März Geburtstag hatte. Immerhin lag Peterstal in der Nähe von Franzfeld, wo ihr Bruder Jakob längere Zeit gelebt hatte. Andere Spuren waren nicht auffindbar.

Versuchen wir einmal, uns an dieser Stelle in die Situation hineinzudenken, die zu dem Eintrag im Rotenzimmerner Kirchenbuch geführt hat.

Der nachträgliche Vermerk ist offenbar in der vorliegenden Form unrichtig, denn die Auswandererfamilie hat sich nicht in Neu-Freudental niedergelassen. Wie im nächsten Kapitel gezeigt wird, ist Jakob Schatz wahrscheinlich erst 1838 nach Neu-Freudental gezogen. Somit wird frühestens 1838, also mehr als 20 Jahre nach der Ausreise eine Meldung nach Rotenzimmern erfolgt sein. Wer anders als Jakob hätte diese Nachricht verfassen können? Und an wen hätte er sie schicken sollen? An die Gemeinde, den Pfarrer? Möglich, wenn auch nicht sehr wahrscheinlich. An seinen Onkel Michael oder seine Tante Anna Barbara? Die waren damals in ihren Fünfzigern oder in den frühen Sechzigern, also wahrscheinlich noch wohlauf. An seine nur wenig älteren Cousins und Cousinen zweiten Grades, die Kinder seines Großonkels Jacob? Man weiß es nicht.

Ich würde annehmen, dass die Nachricht eher an einen Verwandten gegangen sein wird. Von diesem Adressaten muss die Information zum Pfarrer gelangt sein. Was immer also in Wirklichkeit geschehen ist (vielleicht gab es den vermuteten Kontakt mit den Verwandten bereits über einen längeren Zeitraum und man verschwieg einfach das tragische Scheitern von Rotenzimmerns ersten Auswanderern), wird eine Kette von mindestens drei Stationen (Jakob, Verwandte, Pfarrer) durchlaufen haben, bei der jede Person als ein Filter gedient haben konnte, bis am Ende die Mär vom Neu-Freudentaler Happy End im Kirchenbuch festgeschrieben war.

Leider werden wir dieses Rätsel vorerst nicht lösen können. Doch allein die Vorstellung, dass der erzwungene und mit der Hoffnung auf ein besseres Leben begonnene Aufbruch einer elfköpfigen Familie nach Russland so tragisch geendet haben könnte, lässt einen auch zweihundert Jahre später noch erschaudern...

Familien-Generation 6

Die Darstellung der Familie Jakobs basiert vor allem auf den Informationen, die sich aus den Petersburger Archivlisten für den Zeitraum 1833-1885 [5] gewinnen ließen sowie aus den Census-Unterlagen für Neu-Freudental von 1858 [4].

Laut Census wurden bei Jakob im Jahr 1858, er war damals 56 Jahre alt, die Söhne Johannes (31), Martin (29), Jakob (23) und Leonhard (17) registriert, sowie die zwei Töchter Dorothea (21) und Sophia (14).

Jakob war zu dieser Zeit bereits mehrfacher Großvater, denn sein ältester Sohn Johannes (31) hatte da bereits mindestens fünf eigene Kinder: die Söhne Jakob (9), Martin (4) und Heinrich (1/4) sowie die Töchter Karolina (7) und Katharina (2). Auch der damals 29jährige Martin war bereits verheiratet und hatte drei eigene Kinder, Sohn Wilhelm (7) und die beiden Töchter Katharina (8 ½) und Dorothea (3). Ein weiteres Enkelkind Jakobs steuerte Tochter Dorothea (21) bei: die unehelich zur Welt gekommene Maria (1/2). Das macht alles zusammen bereits 9 Enkelkinder im Jahr 1858.

Im Census [4] finden sich auch Angaben zu den Ehefrauen: Jakobs Frau hieß Dorothea und war beim Erhebungszeitpunkt 55 Jahre alt, die Frau des ältesten Sohnes Johannes hieß Elisabetha (31) und ihre Schwägerin, die Ehepartnerin Martins, hörte auf den Namen Anna (31).

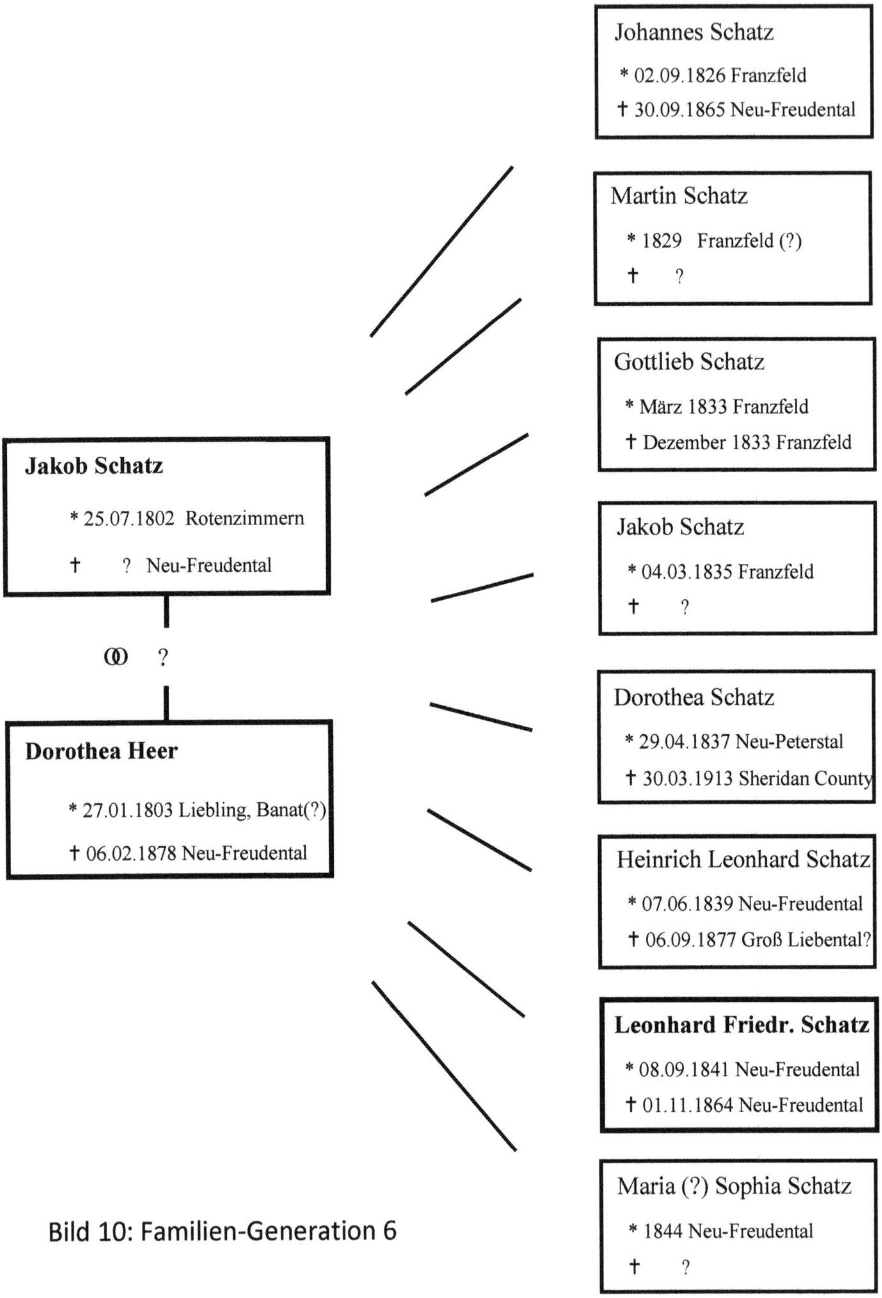

Jakob Schatz

* 25.07.1802 Rotenzimmern

† ? Neu-Freudental

⚭ ?

Dorothea Heer

* 27.01.1803 Liebling, Banat(?)

† 06.02.1878 Neu-Freudental

Bild 10: Familien-Generation 6

Johannes Schatz

* 02.09.1826 Franzfeld

† 30.09.1865 Neu-Freudental

Martin Schatz

* 1829 Franzfeld (?)

† ?

Gottlieb Schatz

* März 1833 Franzfeld

† Dezember 1833 Franzfeld

Jakob Schatz

* 04.03.1835 Franzfeld

† ?

Dorothea Schatz

* 29.04.1837 Neu-Peterstal

† 30.03.1913 Sheridan County

Heinrich Leonhard Schatz

* 07.06.1839 Neu-Freudental

† 06.09.1877 Groß Liebental?

Leonhard Friedr. Schatz

* 08.09.1841 Neu-Freudental

† 01.11.1864 Neu-Freudental

Maria (?) Sophia Schatz

* 1844 Neu-Freudental

† ?

Alle weiteren in Bild 10 zusammengetragenen Fakten ergaben sich unter Hinzuziehung der Petersburger Archivdaten [5] sowie vereinzelten Ergänzungen aus einer ähnlichen Zusammenstellung [47], die von G. J. Ott, einem Mitarbeiter bei GRHS, verfasst worden ist.

Über Jakobs Ehefrau erfahren wir aus [5] beispielsweise, dass sie am 6. Februar 1878 gestorben ist. Weiter liest man in dem entsprechenden Eintrag, dass sie zum Zeitpunkt ihres Todes 74 Jahre, 11 Monate und 9 Tage alt war, woraus sich ein Geburtsdatum errechnen lässt, das auf den 27. oder 28.1.1803 fällt. Dieses Geburtsjahr stimmt mit der Altersangabe aus dem Census überein. Darüber hinaus fördert die Archivliste [5] auch noch den Mädchennamen Dorotheas zu Tage: Heer und gibt ihre Herkunft mit Ungarn an, offenbar eine Banater Schwäbin. Bei Ott [47] findet sich sogar ein Hinweis auf ihren Geburtsort: Liebling. Kurz darauf muss ihre Familie mit den Eltern Johann Martin und Margaretha Heer in die Ukraine ausgewandert sein, denn ab 1806 wird die gesamte Familie in Franzfeld geführt, siehe zum Beispiel [6], S. 569 oder bei GRHS.[48]

Schaut man sich in [5] die Geburtenlisten der Kinder näher an, so wird noch etwas anderes deutlich. Die Familie Jakob und Dorothea Schatz brauchte einige Jahre, bis sie in Neu- Freudental sesshaft wurde. Die ersten Kinder kamen in Franzfeld zur Welt, wo Dorothea aufgewachsen war und wohl auch Jakob gelebt haben musste. 1837 wohnten sie dann aber in Neu-Peterstal, einer erst 1828 gegründeten Tochterkolonie und erst danach, spätestens aber 1839, lebten sie tatsächlich in Neu-Freudental, siehe hierzu auch die Übersichtskarte (Bild 11). Dieses frühe Herumziehen sowie die Tatsache, dass in Franzfeld keine weiteren Mitglieder der Auswandererfamilie Martin Schaz gelebt hatten, mag auf einen gewissen Mangel an Verwurzelung hinweisen, den Jakob in seiner neuen Heimat empfunden hatte. Vielleicht ein weitere Beleg für den Verlust eines größeren Teils seiner Familie - wenn nicht der ganzen - im Zuge der Anreise und/oder der ersten Jahre in der Ukraine.

---

[47] Gerald J. Ott: Descendants of Andreas SCHATZ I-11511, 10. April 2017
[48] http://www.grhs.org/chapters/gdo/FamilyDB.htm (abgerufen am 15.05.2017)

Insgesamt, so zeigt Bild 10, sind der Ehe von Jakob und Dorothea wenigstens acht Kinder entsprungen, darunter nur eines, was bereits als Kind verstorben ist: der 1833 geborene und im gleichen Jahr verschiedene Gottlieb (oder auch Gottlob, wie es – wahrscheinlich falsch transkribiert - an einer anderen Stelle der Petersburger Archivlisten heißt).

Der Geburtseintrag für diesen Sohn Gottlieb im Jahr 1833 ist noch aus einem weiteren Grunde interessant. Hier findet sich nämlich ein Hinweis auf den Beruf Jakobs. Er wird in den Petersburger Listen als Schuster in Franzfeld geführt.

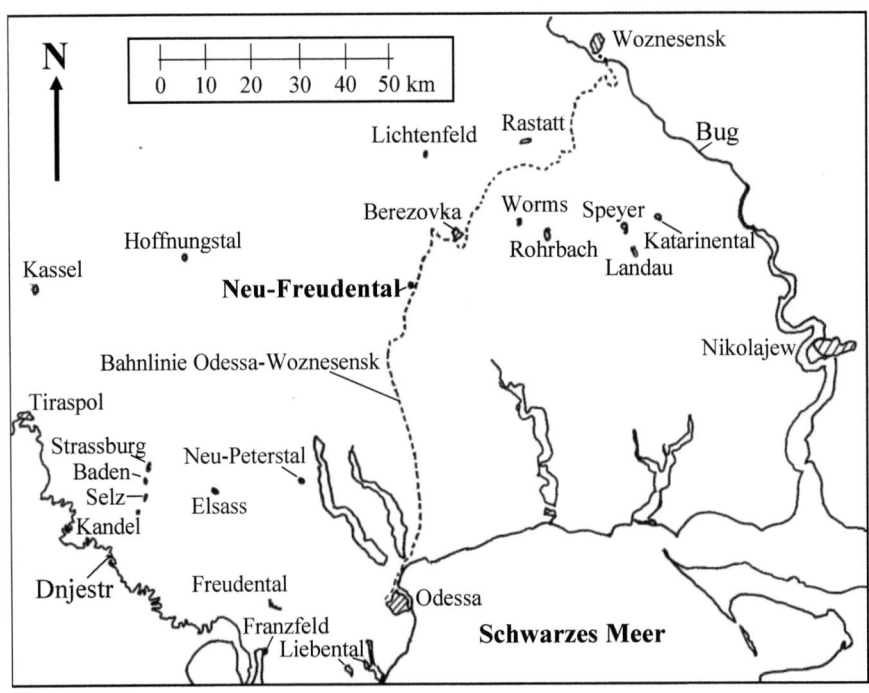

Bild 11: Übersicht einiger deutscher Siedlungen im Gebiet Odessa (ehem. westl. Teil des Gouv. Cherson.) in Anlehnung an Stumpp, Stand 1940, Ausgabe 1955 [6]

Damit lässt sich zugleich die Verbindung nach Rotenzimmern um einen weiteren Beleg erweitern. In dem Standardwerk von Karl Stumpp „Die Auswanderung der Deutschen nach Russland in den Jahren 1763 bis 1862" [6] wird nämlich in der namentlichen Zusammenstellung aller Ausgereisten sowohl ein Martin Schaz erwähnt, der nach Südrussland ausgewandert ist, als auch „Schatz, Jakob", mit dem Zusatz: „Schuster aus Rotenzimmern/Rottweil-Wue, nach Neu-Freudental/Od." Das heißt: unser 1802 geborener und 1817 (als Fünfzehnjähriger) in Russland eingewanderter Jakob Schatz war dieser Schuster aus Rotenzimmern. Vielleicht hat er die Schusterlehre bereits in Rotenzimmern begonnen oder erst in der Ukraine aufgenommen. Auf jeden Fall muss er damit eine Zeitlang seinen Lebensunterhalt bestritten haben.

Erwähnenswert ist noch, dass der 1839 geborene Heinrich Leonhard Schatz nicht in der Census-Registrierung von 1858 enthalten ist. Sollte auch er da bereits nicht mehr gelebt haben? Oder welchen anderen Grund könnte das gehabt haben? Man findet in den Petersburger Archivlisten bis auf seine Geburtsanzeige weiter keine eindeutige Spur von ihm, was natürlich auch an dem beschränkten Beobachtungszeitraum (bis 1885) liegen mag oder an Lücken oder Fehlern in der Dokumentation. So findet sich beispielsweise auch keine Geburtseintragung von Jakobs jüngster Tochter (Maria) Sophia.

Um das Bild der sechsten Familiengeneration etwas abzurunden, werden nachfolgend einige Recherche-Ergebnisse von Ott[49] mit in die Betrachtung einbezogen.

Der älteste Sohn Johannes war verheiratet mit Katharina Elisabetha Braun und hatte mit ihr neun Kinder. Der zweite Sohn Martin ehelichte Anna Barbara Burkhardt, mit der acht Kinder zur Welt kamen. Über den vierten Sohn Jakob erfährt man auch bei Ott nichts, aber über die älteste Tochter, Dorothea, wird einiges nachgetragen. Trotz ihrer unehelichen Tochter blieb sie nicht lange unverheiratet. In ihrer Ehe mit Johann Fried-

---

[49] Gerald J. Ott: Descendants of Andreas SCHATZ I-11511, 10. April 2017

rich Lang brachte sie acht weitere Kinder zur Welt und zog später mit der ganzen Familie nach Amerika. Sie starb wie ihr Mann fast 80jährig in Sheridan County, North Dakota, USA. Auch über Heinrich Leonhard Schatz finden sich Einträge bei Ott. Laut diesen zog Heinrich in die Region Großliebental, heiratete dort Katharina Fürst und hatte mit ihr vier Kinder. Diese Angaben finden sich auch in den Petersburger Archivlisten [5], sind aber nach Ansicht des Verfassers nicht zweifelsfrei dem in Neu-Freudental geborenen Sohn Jakobs zuzuordnen. Nicht ganz sicher, aber doch glaubhaft und auch in den Petersburger Archivlisten enthalten, sind die Anmerkungen bei Ott zu der jüngsten Tochter Jakobs: Sophia hieß möglicherweise komplett Maria Sophia. Sie heiratete Johannes Ohlhäuser in Neu-Freudental und hatte mit ihm fünf gemeinsame Kinder.

Zählt man auf dieser Grundlage einmal alle Enkel Jakobs zusammen, so gelangt man auf mindestens drei Dutzend…

Wie alt Jakob Schatz am Ende seines Lebens geworden ist, bleibt derzeit noch im Dunkeln. Aber er hat zumindest von etwa 1839 bis 1858 und sicherlich noch eine Weile darüber hinaus bis zu seinem Tode in Neu-Freudental gelebt.

Der Beginn in der Kolonie Neu-Freudental

Wie die Anfangszeit in dieser Ortschaft ausgesehen haben mag, davon liefert der Gemeindebericht des Schullehrers Joh. Baumann vom 8. Juni 1848 einige Eindrücke.[50]

Als Jakob mit seiner Frau und seinen damals vier Kindern in das Dorf kam, wahrscheinlich 1838/1839, bestand der Ort bereits seit rund zehn Jahren. Die Ansiedlung hatte im Frühjahr 1828 begonnen, aber die ersten Häuser waren erst 1829 errichtet worden. Laut Gemeindebericht hatten sich damals 47 Siedlerfamilien dort niedergelassen, es gibt aber andere Dokumente, die auf eine geringere Anzahl hinweisen. Im Anhang des Census 1858 [4] beispielsweise sind die Namen der Siedler abgedruckt, die den Ort per Unterschrift am 7.11.1828 ursprünglich als „Colonie Klein-Freudenthal" gegründet hatten. Man zählt 42 Familien. Im Anhang dieses Buches findet sich der Abdruck eines Schreibens vom 28.02.1829, in dem die Gründungskolonisten um eine Festschreibung des Ortsnamens als Neu-Freudental bitten. Zusammen mit den Ortsvorstehern liest man 33 Familiennamen. Möglicherweise waren auch mehrere gleichnamige Familien an der Gründung beteiligt. Gemeinsam ist all diesen Dokumenten aber ein Faktum: der Name Schatz taucht bei den Gründungsfamilien nicht auf.

---

[50] Joh. Baumann: Gemeindebericht Neu Freudental für das Fürsorgekommitee der ausländischen Ausländer im südlichen Russland, 1848. Englische Übersetzung von Ralph Wiseman, aufbereitet für das Village History Project von GRHS unter http://www.grhs.org/vr/vhistory/neu_freudental.htm, Last modified 09/05/2010 19:01:17 (abgerufen am 12.5.2017)

Laut Gemeindebericht waren die meisten der Neuansiedler Söhne oder Töchter von Kolonisten aus der Mutterkolonie Freudental (die bereits 1806 gegründet worden war), Menschen, die aufgrund mangelnder Perspektiven in Freudental weitergezogen waren.

Über das System der Mutter- und Tochterkolonien findet sich eine kurze Erläuterung bei Bosch/Lingor [7]: „Im Schwarzmeergebiet wurde nach dem Erbhofsystem verfahren. Den Hofstellen war es in den ersten Jahrzehnten verboten, das ihnen zugewiesene Land, genannt die „Wirtschaft", unter den Nachfolgern aufzuteilen. Infolgedessen war der Bauer gezwungen, für seine Söhne – und derer waren es oft vier bis acht – zusätzlich Land zu kaufen. Bei dem großen Kinderreichtum der einzelnen Familien … reichte schon nach kurzer Zeit das von der russischen Regierung zugeteilte Gemeindeland nicht mehr aus, um allen erwachsenen Söhnen des Dorfes einen halben oder ganzen Bauernhof zuteilen zu können.

Auf diese Weise bildete sich in den deutschen Dörfern allmählich eine große Anzahl von landlosen Einwohnern, die bald der Gemeinde zu Last fielen. Um dieser Entwicklung zu begegnen, kaufte oder, was häufiger der Fall war, pachtete die Gemeinde außerhalb ihres Dorfes Land und siedelte dort ihre Landsleute an. Die neu gegründeten Dörfer nannte man „Pachtkolonien". In der Regel konnte das ausschließlich russischen Großgrundbesitzern und dem Adel gehörende Land zunächst gepachtet und danach in kurzer Zeit gekauft werden. Die Pächter wurden somit Eigentümer des bearbeiteten Landbesitzes.

Das Geld zum Ankauf von Neuland brachten die einzelnen Gemeinden durch Selbstbesteuerung auf. Sie gründeten sogenannte „Kassen zum Ankauf von Land", in die ein Bauer jährlich einen gewissen Steuerbetrag einzahlen musste. Die Kasse hatte nicht selten mehrere hunderttausend Goldrubel aufzuweisen, mit denen man in entfernten Gegenden Land vom Adel für die landlosen Söhne erwarb.

Auf diese Art strahlte aus den ursprünglichen Siedlungsgebieten eine neue Kolonisation aus… Diesem Umstand ist auch die Tatsache zuzuschreiben, dass sich die Zahl der 209 Mutterkolonien im Laufe eines Jahrhunderts durch Weiterwanderung und Gründung von Neusiedlungen auf weit über 2000 Tochter- und Kleinkolonien vermehrte."[51]

Zurück zu unserer Tochterkolonie Neu-Freudental und ihren Anfängen, wie sie im Gemeindebericht von 1848 dargestellt wurden: Das Land der neuen Kolonie war zu Beginn eine Steppenlandschaft, die aber schnell urbar gemacht wurde und durch zusätzliche Viehzucht gute Erträge abwarf. Trotz eines Katastrophenjahres 1833, bei dem infolge schlechter Witterung die Siedler fast alles verloren, was sie bis dahin verdient hatten, ging es ihnen rasch besser. Die Gewinne wurden investiert, in ihre Häuser, in die Infrastruktur und in den Ankauf von Vieh. Wenn man dem Gemeindebericht folgt, soll das Dorf um 1840 herum 400 Kühe besessen haben und jede Familie 6 bis 10 Pferde, zwei bis drei Wagen, mehrere Eggen, Pflüge und alles sonst Notwendige. Überdies hatte die Gemeinde 1838 das Haus eines Kolonisten aufgekauft und zu einer Schule und Kirche ausgebaut, die beide auch 1848 noch ihren Dienst taten.

Etwas unklar erscheint in diesem Zusammenhang, wie sich der erst 1838/39 hinzugekommene Jakob in diesem „Boomtown"-Dorf hat einbringen können. Hat er vielleicht die Einnahmen aus seiner Schustertätigkeit in Franzfeld oder Neu-Petertal in den Kauf oder die Pacht von Land investiert? Hat er hier weiter als Schuster oder schon als Landwirt gearbeitet?

Dazu liefert der kurze Gemeindebericht keinerlei Antworten. Stattdessen wird von den schwierigen 1840er Jahren im Dorf erzählt. 1845 sollen bei einer schrecklichen Viehseuche etwa 500 Tiere verendet sein.[52] Missernten waren 1846 und 1847 infolge Trockenheit zu verzeichnen. Am Ende der Betrachtung, also 1848, stand es mit dem Wohlstand der Bevölkerung nicht zum allerbesten, aber man war guten Mutes und machte deutlich, wie sehr man sich der Güte Gottes, der Freundlichkeit des Zaren sowie der

---

[51] Bosch, Lingor [7], S. 47, 48
[52] Es kann sich hier nicht um Kühe allein gehandelt, sondern muss sich ganz allgemein auf Nutztiere bezogen haben, weil die Zahl sonst unverhältnismäßig hoch wäre. In der mir vorliegenden englischen Übersetzung des Originalberichts steht an dieser Stelle „cattle plague", also „Viehseuche".

bewährten Unterstützung durch das Fürsorgekontor für ausländische Siedler in Russland verpflichtet fühlte.

Schließen wir die Übersicht mit einigen Bemerkungen zu dem gerade erwähnten Fürsorgekontor, das 1800 als eine Art Oberaufsicht der Selbstverwaltung der Kolonisten gegründet worden war und ab 1818 zum sog. „Fürsorgekommitee" mit mehreren Standorten erweitert wurde, wie von Keller in [8] dargestellt. Der Leiter dieser Einrichtung wurde vom Zaren selbst bestimmt. Bekleidet wurde dieses Amt vorzugsweise von Deutschen, lediglich von 1818 bis 1845 stand mit dem russischen General Ivan Inzow ein Russe der Behörde vor.[53] Laut den Aufzeichnungen von Keller gehörte zu dieser Behörde neben der Hauptstelle in Odessa mit 21 Personen, unter ihnen Sekretäre, Übersetzer, Buchhalter, Beamte, sogar ein Journalist und ein Feldmesser, noch drei Kontore mit insgesamt 33 Mitarbeitern, darunter auch drei Ärzten und drei Tiermedizinern. Daneben gab es zusätzlich drei Fürsorgschaften und insgesamt 8 Inspektoratsbezirke, die den einzelnen Regionen zugeordnet waren, d.h. einzelne Inspektoren beaufsichtigten die ihnen zugeteilten Regionen. Neu-Freudental zählte zum Liebentaler Gebiet und war damit dem ersten Bezirk zugeordnet, d.h. der Sitz des Inspektor war anfangs in Großliebental und später in Odessa.[54]

Ein differenzierteres Bild von der kolonialen Selbstverwaltung zeichnen Bosch und Lingor in ihrem Buch über die Kolonien am Schwarzen Meer [7]. Die Inspektoren waren alle ohne Ausnahme Russen und mussten die Selbstverwaltung der deutschen Gemeinden beaufsichtigen, Kontrolle über die Polizei ausüben und Streitigkeiten zwischen den Kolonisten und anderen nichtdeutschen Nachbarn regeln.

Zur Selbstverwaltung gehörten in jedem Dorf mehrere Personen: am wichtigsten der Bürgermeister, Dorfschulz genannt, der ebenso wie sein Stellvertreter für zwei Jahre aus den Reihen der Kolonisten gewählt wurde. Daneben gab es mehrere Mitarbeiter für die Verwaltung von Steuern und Finanzen sowie einen Dorfschreiber. Eine Ebene höher wurden mehrere

---

[53] Keller [8], S. 64 - 73
[54] Keller [8], S. 61 - 64

Dorfgemeinden als Bezirke zusammengefasst und wieder entsprechend verwaltet. Der Leiter war hier der gewählte Oberschulz, dem die Gemeindeschulzen untergeordnet waren. Über allem standen die russische Regierung mit ihren Ordnungskräften sowie das Fürsorgekommitee. Kein Wunder also, dass sich in den neugegründeten Kolonien dank dieser straffen Gliederung selbst in der Anfangsphase keine „Wildwest-Atmosphäre" einstellen konnte.[55]

---

[55] Bosch, Lingor [7], S. 307 - 312

Familien-Generation 7

Den Leonhards scheint in der Familiengeschichte der Schatzens kein langes Leben vergönnt gewesen zu sein. In Generation 4 wurde ein Leonhard Schatz keine zwei Jahre alt, in Generation 5 nur 5 ½ Wochen und in Generation 7 wurde unser Urahn Leonhard Friedrich nur 23 Jahre alt. Zwei Jahre vorher hatte er die drei Jahre ältere Dorothea Benz aus Neu-Freudental geheiratet und mit ihr zwei Kinder bekommen, Jakob und Saloma.

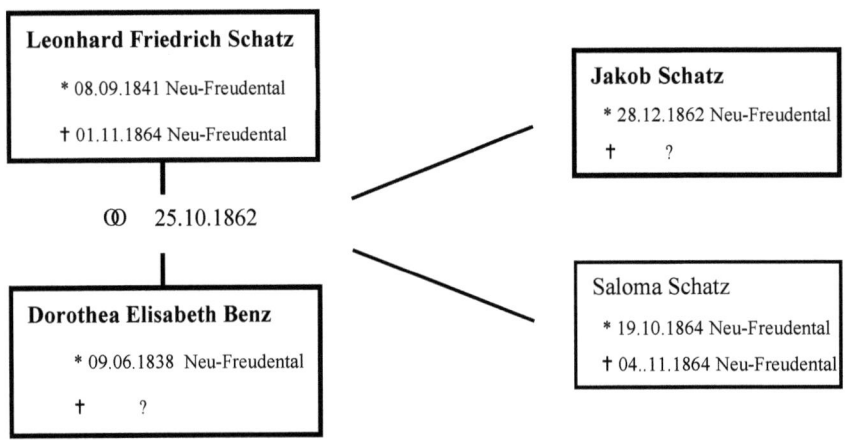

Bild 12: Familien-Generation 7

Aus den Petersburger Archivlisten [5] ist nicht zu entnehmen, was genau im Herbst 1864 geschehen ist, andere Zeugnisse oder Aufzeichnungen liegen nicht vor. Am 19. Oktober jenes Jahres ist die Tochter Saloma zur Welt gekommen, doch nur zwei Wochen nach diesem freudigen Ereignis ist die Familie zerstört. Vater Leonhard stirbt am 1. November, das Neugeborene drei Tage später. Was mag geschehen sein, dass fast zeitgleich ein junger Vater und ein kleines Baby ihr Leben lassen? Eine ansteckende Krankheit? Ein Unfall? Man weiß es nicht und wird es wahrscheinlich nie erfahren.

Unser Urahn Jakob wurde im Alter von zwei Jahren zur Halbwaise und blieb mit seiner Mutter zurück. Doch die mit 26 zur Witwe gewordene Dorothea lebte nicht sehr lange ohne Mann. Drei Jahre später, am 10.10.1867, heiratete sie den Witwer Andreas Kiemele, der laut [5] eine Tochter Elisabetha (*1864) in die Ehe brachte. Dorothea gebar am 14.3.1868 einen Sohn Gottlieb, d.h. Jakob konnte zusammen mit seinem sechs Jahre jüngeren Halbbruder und der zwei Jahre jüngeren Elisabetha bei seiner leiblichen Mutter und dem Stiefvater aufwachsen. Es hat wohl noch eine weitere Halbschwester Susanna gegeben, die aber laut Kirchenbuchaufzeichnungen 1876 im Alter von gerade sechs Jahren verstorben war.

Auch wenn Jakob als einziger Schatz in der Kiemele-Familie aufgewachsen ist, so wird er sich seiner Schatz-Wurzeln wohl immer bewusst gewesen sein, denn bis 1878 lebte noch die Großmutter und wahrscheinlich auch der Großvater Jakob, daneben diverse Onkel und Tanten sowie über 30 Cousins und Cousinen - alle im gleichen 600-Seelen Dorf...

Interessant noch eine kleine Randnotiz: Damals hätte auch die Geschichte des Familiennamens Schatz für unsere Linie ein Ende nehmen können, wenn nämlich Jakob Schatz per Adoption den Nachnamen seines Stiefvaters angenommen hätte. Doch daran wurde damals wohl nicht gedacht, oder wenn, wird die Schatz-Sippe wahrscheinlich ein Wörtchen mitgeredet haben, Jakob blieb ein Schatz.

Familien-Generation 8

Über Generation 8 lässt sich bedauerlicherweise am wenigsten berichten. Die Petersburger Archivlisten [5] geben lediglich Auskunft über die Geburtsdaten von Jakob und seiner Frau Barbara Riedlinger, die Söhne sind nicht mehr enthalten, weil die bislang publizierten Listen 1885 enden.

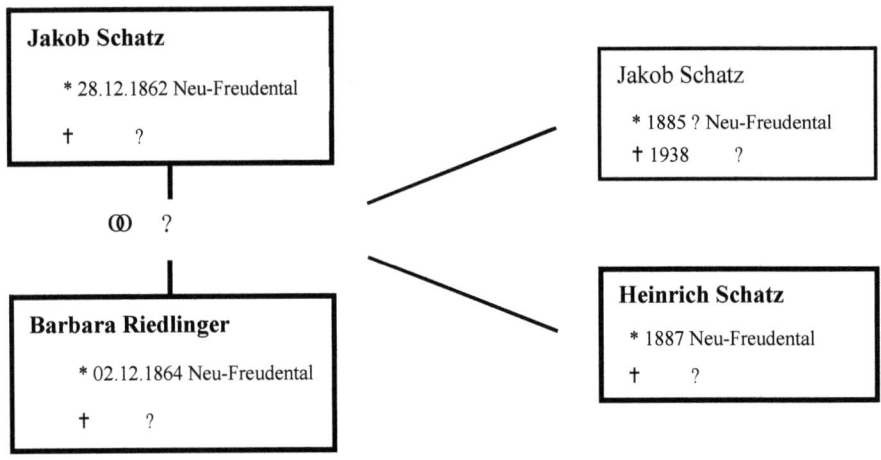

Bild 13: Familien-Generation 8

Leider gelang es nicht, widerspruchsfreie Angaben über die Geburtsdaten der beiden Söhne Heinrich und Jakob Schatz zu erhalten. Insbesondere bei Jakob, dem Bruder meines Großvaters Heinrich, gibt es in den Akten der Einwandererzentrale (EWZ) aus dem Jahr 1944 (siehe hierzu auch S. 110) einen Fehler bei der Angabe des Geburtsjahres. Völlig unsinnigerweise wird Jakob dort als Jahrgang 1877 geführt. Tatsächlich findet sich diesbezüglich keinerlei Eintrag in den Petersburger Archivlisten, vor allem aber wären seine Eltern 1877 gerade erst 13 bzw. 15 Jahre alt gewesen. So ist eher anzunehmen, dass er wohl Jahrgang 1885 gewesen ist, weil mir dies erstens von meinem eigenen Vater so mitgeteilt wurde und weil es zweitens eine sog. Repressionsliste von Neu-Freudental[56] gibt, in der die spätere Verschleppung der beiden Brüder 1937/1938 dokumentiert und sein Jahrgang mit 1885 angegeben wurde.

Der ältere Bruder Jakob Schatz heiratete die 1887 in Neu-Freudental geborene Rosa Wild und hatte mit ihr mindestens zwei Töchter, die 1906 geborene Katharina[57] und die sechs Jahre jüngere Rosa (Jahrgang 1912).[58]

In der sog. Repressionsliste von Neu-Freudental, die den Mitgliedern von GRHS zugänglich ist, findet sich der folgende Vermerk:
„Familienname: Schatz, Vorname: Jakob, Vatersname: Jakob, Geburtsjahr: 1885, Datum Verhaftung: 26.03.1938, Verurteilung: 07.10.1938, Strafmass: Erschießung, Source: Auszug aus Datenbank – Odessa."

Es lässt sich derzeit nicht feststellen, ob die Eltern bei Generation 8, also Jakob und Barbara, in den Jahren 1937/38 noch am Leben gewesen sind. Sie wären da Mitte 70 gewesen. Von daher ist es nicht unwahrscheinlich, dass sie noch gelebt hatten, als ihre Söhne abgeholt wurden. Dieser Einschnitt bedeutete wohl den vorläufigen Tiefpunkt ihres bisherigen Lebens, das tatsächlich geprägt war von einer kontinuierlichen Verschlechterung nicht nur ihrer persönlichen Situation, sondern der einer ganzen Bevölke-

---

[56] Repressions List for the Village of Neu Freudental, bei www.grhs.org/chapters/gdo/memonly/repressions/neufreudental-repressions.htm (abgerufen 12.02.2017)
[57] Mikroverfilmte Akten der Einwandererzentrale EWZ250 H25 Frame 102, Frame 112, gesammelt bei GRHS
[58] http://grhs.org/genealogy/getperson.php?personID=I48501&tree=145 (abgerufen am 29.08.2017)

rungsgruppe. Doch diese Talfahrt war mit Stalins Terrormaßnahmen in den 1930er Jahren keineswegs beendet.

Dabei hatte bei der Geburt der Kinder alles noch ganz anders ausgesehen.

Mein Vater hatte später immer wieder gern davon berichtet, wie gut es den Leuten gegangen sein soll, als der Großvater, also Jakob Schatz *1862, im besten Mannesalter gewesen sei. Die Familie habe zu der Zeit viele Pferde besessen, einen Weinberg und natürlich viele Morgen Land, die man nur mit Hilfe zusätzlicher Arbeitskräfte bewirtschaften konnte. Das deckt sich mit den Aussagen von Bosch, Lingor [7], die die Zeit um die Jahrhundertwende als die beste Zeit der Kolonien beschreiben:

„Wer die Geschichte unserer Volksgruppe kennt, der weiß, dass sie von vielen Problemen und Schwierigkeiten erfüllt war. Die Blütezeit der deutschen Kolonien in Südrussland fiel in die Zeit der Jahrhundertwende von 1880 bis 1914. Wie glücklich konnten sich damals unsere Vorfahren fühlen, weil sie frei leben, im ganzen Land frei wohnen konnten, frei produzieren, frei handeln und frei im In- und Ausland reisen durften...

Unsere deutschen Kolonisten besaßen in Südrussland damals mehr Ackerland als Baden-Württemberg heute hat. Dazu kommen noch die zahlreichen großen Unternehmen, wie Mühlen, landwirtschaftliche Maschinen- und Motorenfabriken, die sie nicht nur in den deutschen Kolonien, sondern auch in den vielen Städten errichtet hatten und ihr eigen nennen konnten. Die Kolonisten haben sich in dem großen russischen Reich zu den Hauptlieferanten von Getreide, besonders von Weizen, von Milch und Butter, Eiern, Vieh und Fleischprodukten emporgearbeitet.

Wenn die Ukraine damals als Kornkammer Europas bezeichnet wurde, so haben in erster Linie die deutschen Kolonien dazu beigetragen..."[59]

Diese euphorisch anmutenden Lobeshymnen ehemaliger Kolonisten werden auch von der seriösen Geschichtsforschung untermauert, wie etwa bei Pinkus/Fleischhauer [9], die mit folgenden Zahlen aufwarten:

---

[59] Bosch, Lingor [7], S. 107

„Die weiteren großen Besiedlungsaktionen des ausgehenden 18. und beginnenden 19. Jahrhunderts führten zunächst 60.000 deutsche Bauern und Handwerker als Erstansiedler in die drei südrussischen Gouvernements Cherson, Jekaterinoslav und Taurien einschließlich der Krim (1804-1810), sowie nach Bessarabien (1814-1831). Bis zum ersten Weltkrieg hat sich ihre Zahl, die, bedingt auch durch neue Einwanderungswellen, bereits 1858 auf über 136.000 emporgeschnellt war, mehr als verzehnfacht: 1908 lebten in Südrussland 436.000 und 1914 sogar 660.000 deutsche Kolonisten. Fast legendäre Ausmaße erreichte ihr Landbesitz, der schon gegen Ende des 19. Jahrhunderts bei 600.000 ha lag: 1910 verfügten die 154.000 deutschen Siedler im Gouvernement Cherson (*Anmerkung: wo auch Neu-Freudental lag*) über etwa eine Million …ha an Grund und Boden, was etwa einem Siebentel der landwirtschaftlichen Nutzfläche *dieses* Gouvernements entsprach…"[60]

„Der Wert der Immobilien in allen 513 deutschen Kolonien Südrusslands wurde auf ca. 50 Millionen Rubel geschätzt.- Dazu kamen Ausgang des 19. Jahrhunderts ausgedehnte städtische Besitzungen einzelner Kolonisten. Die Schätzungen des Wertes aller deutschen Immobilien in Südrussland, einschließlich des Bodens, lagen 1893 bei 360 Millionen Rubel. Das Gesamtvermögen der deutschen Kolonisten wurde 1893 auf 410 Millionen Rubel veranschlagt."[61]

Es war ihnen also tatsächlich bis zum Ausbruch des ersten Weltkrieges wirtschaftlich gut gegangen, auch wenn die Zeichen sich seit 1871 zu verändern begannen. In diesem Jahr nämlich wurde der Kolonialstatus der »ausländischen Kolonisten« aufgehoben und damit u.a. auch die Selbstverwaltung der Kolonien beendet und in die russische Verwaltung eingegliedert. Die „Russifizierung" wurde eingeleitet, beispielsweise dadurch, dass Russisch zu einem Pflichtfach in den Schulen wurde und die Ortschaften offiziell russische Namen erhielten.[62] Drei Jahre später, 1874, folgte die Einführung der allgemeinen Wehrpflicht. Das führte zu einer vermehrten

---

[60] Pinkus/Fleischhauer [9], S. 40
[61] Pinkus/Fleischhauer [9], S. 42
[62] Bosch, Lingor [7], S. 111

Auswanderung von deutschen Kolonisten (insbesondere der Mennoniten) nach Übersee, vor allem in die USA und nach Kanada, verhinderte aber nicht, dass die in Russland verbliebenen Deutschen fortan zur Armee eingezogen wurden. So dienten beispielsweise beim Ausbruch des ersten Weltkrieges mind. 250.000 Deutsche in der russischen Armee[63].

Die Sicht der deutschen Kolonisten auf diese Veränderungen wird treffend widergespiegelt in einem Artikel von A. M—r. Der Nachname ist rätselhafterweise unkenntlich gemacht, es wird sich aber wohl um Andreas Mergenthaler gehandelt haben, vgl. Fleischhauer [12], einen Mitarbeiter der ersten Stunde in der Landsmannschaft der Deutschen aus Russland. Der Artikel ist erschienen im Heimatbuch 1957 der Landsmannschaft [10]: „Die rein deutschen Schulen, die von den Kolonisten aus eigenen Mitteln errichtet und unterhalten wurden, unterstellte man dem russischen Ministerium für Volksaufklärung. Russische Inspektoren bekamen die Aufsicht über die deutschen Schulen und schrieben ihnen das Schulprogramm vor. Trotz dieser Maßnahmen behaupteten die deutschen Bauern im Kampfe um ihre Rechte und ihr Volkstum bis 1914 erfolgreich ihre Positionen. In den Dorf- und Wolost(=*Gebiets*)-Verwaltungen schalteten und walteten nach wie vor (mit ganz wenigen Ausnahmen) deutsche Schulzen und Oberschulzen, Dorf- und Gebietsschreiber. Und in den Schulen spielte keineswegs der russische Inspektor die Hauptrolle, sondern die deutschen Lehrer und Pastoren. Auch unter den neugeschaffenen Verhältnissen wussten die Kolonisten ihre deutsche Eigenart nicht nur zu bewahren, sondern weiter fortzuentwickeln."[64]

Aus heutiger Perspektive (gerade in Hinsicht auf die aktuelle Diskussion um die Integration von Flüchtlingen und Migranten) mag die Entrüstung der Betroffenen über die sog. „Russifizierung" etwas befremden. Auch wenn die Thematik tatsächlich sehr komplex ist und die Aufhebung von gewährten Rechten einen Rechtsbruch darstellt, so bleibt doch im Grundsatz eine Integrationsverweigerung auf deutscher Seite. Man kann sich

---

[63] http://www.russlanddeutschegeschichte.de/start_deutsch.htm; Herausgeber: Wolfgang Kagel, Berlin. Teil II,   Zeittafel (abgerufen 12.5.2017)
[64] A. M*(ergenthale)*r [10], S. 117

heute nicht des Eindrucks erwehren, dass fast alle Kolonisten einem falschen Ansatz gefolgt waren. Sie hatten nicht ein neuentdecktes Territorium besiedelt, nein, sie waren in einen vorhandenen Staat gezogen und Untertanen des dortigen Herrschers geworden. Wenn also nach etwa einhundert Jahren Besiedelung die Annahme der Landessprache und der dortigen Strukturen erwartet wurde, so scheint das – auch wenn zuvor etwas anderes versprochen wurde - nicht wirklich eine überzogene Forderung gewesen zu sein.

Weitere Umstände kamen hinzu, die die Situation für die Deutschen in Russland schwieriger machten. Die Zeit bis zum 1. Weltkrieg war eine Zeit des Nationalismus, des Imperialismus und des Ringens um die Vormachtstellung in Europa, ja der Welt. Deutschland war seit der Gründung des deutschen Reiches 1871 zu einem wesentlichen Machtfaktor geworden. Dass gewisse Kreise in Russland gegen die bevorzugte Behandlung der Deutschen im eigenen Land opponierten oder sogar eine Furcht vor pangermanischen Besitzansprüchen entwickelten, ist aus der damaligen Situation heraus nachvollziehbar. Dennoch blieb das alles bis zum Ausbruch des ersten Weltkriegs ohne tiefgreifende Folgen.

Familien-Generation 9

Die hier dargestellten Personen würde man heute wohl als Teil einer Patchwork-Familie bezeichnen.

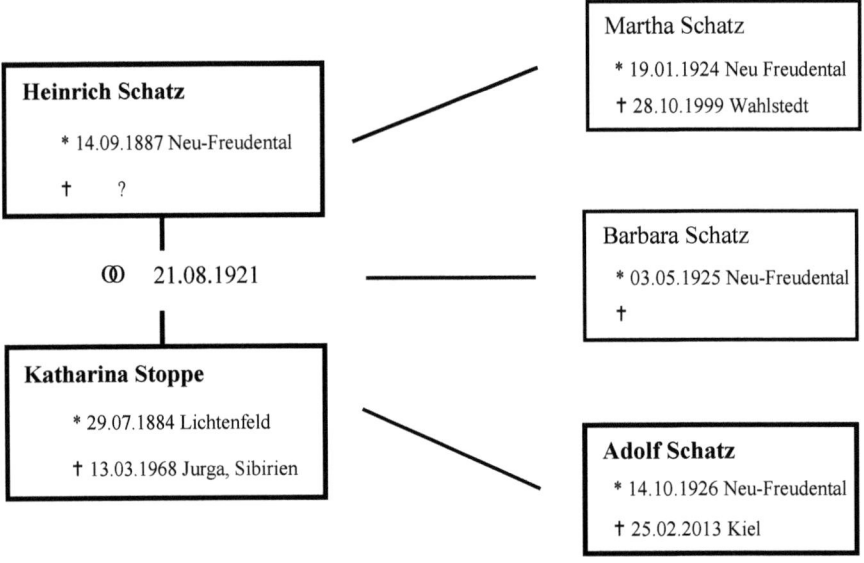

Bild 14: Familien-Generation 9

Tatsächlich waren Heinrich und Katharina beide schon einmal verheiratet gewesen und hatten aus ihren ersten Ehen eigene Kinder mit in die Verbindung gebracht. Katharina Stoppe hatte 1907 in Worms (Ukraine) den drei Jahre älteren Philipp Christmann[65] geheiratet und Heinrich Schatz 1912 in Neu-Freudental die zwei Jahre jüngere Barbara Weber[66]. Doch bei beiden starben die ersten Partner jung (Barbara Weber wahrscheinlich an Tuberkolose) und so hatten sich hier zwei verwitwete Alleinerziehende gefunden, die in ihrer zweiten Ehe noch drei gemeinsame Kinder bekommen sollten.

Bei ihrer Eheschließung 1921 war Katharinas einziges Kind, das ebenfalls Katharina (*18.8.1908) hieß, 13 Jahre alt, die drei Kinder Heinrichs lagen zwischen acht und vier Jahren (Gottfried *19.10.1913, Anna *15.12.1915 und Heinrich *12.03.1917). Als schließlich mein Vater als jüngstes Kind geboren wurde, 1926, war seine älteste Halbschwester Katharina (Katja) bereits fast schon aus dem Haus. Sie ehelichte ein Jahr später den Landwirt Johann Philippi. Doch der Rest der Familie muss bis in die 1930er Jahre hinein mit sechs Kindern zusammengelebt haben; unter diesen waren auch die drei gemeinsamen aus der zweiten Ehe: mein Vater und seine beiden Schwestern Martha und Barbara.

Aus den vorliegenden EWZ-Akten (siehe etwa die Akte von Katharina Stoppe im Anhang) lässt sich noch etwas anderes entnehmen. Die gesamte Familie gehörte der Religionsgemeinschaft der Baptisten an, d.h. sowohl Heinrich und Katharina als auch ihre sieben Patchwork-Kinder waren Baptisten. Während die Eltern von Katharina Stoppe aber noch als evangelisch-lutherisch geführt wurden, steht bei den Eltern Heinrichs (also bei Jakob und Barbara Schatz, Generation 8) in der Rubrik Glaubensbekenntnis eindeutig das Kürzel „bapt.".[67] Mit anderen Worten: Familie Schatz gehörte mindestens seit Generation 8 zu einer christlichen Sekte.

---

[65] Mikroverfilmte Akten der Einwandererzentrale EWZ50 G036 Frame 2788, gesammelt bei GRHS
[66] Odessa State Archives Neu Freudental 1912 Marriges 894-1-34 bei http://www.grhs.org/
[67] Mikroverfilmte Akten der Einwandererzentrale EWZ50 H024 Frame 2938, gesammelt bei GRHS

Bei Pinkus/Fleischhauer [9] wird beschrieben, dass die überwiegende Mehrheit der deutschrussischen Bevölkerung evangelisch-lutherisch war.[68] Doch gab es auch Anhänger kleinerer protestantischer Sekten wie der Baptisten, die im Jahr 1920 insgesamt etwa 2000 Mitglieder ausmachten und selbst im beginnenden Sozialismus ihre Mitglieder noch um einige Tausend vergrößern konnten.[68] Doch auch 5000 Mitglieder hätten bei einer Gesamtbevölkerung von 1,5 Millionen gerade 0,3% ausgemacht. – Man gehörte in Glaubensfragen offensichtlich zu einer Minderheit.

Der Baptismus soll laut Kahle (Autor von Teil VI Frömmigkeit und kirchliches Leben in [11]) über das Gouvernement Kurland, über Litauen und Kongresspolen seit 1859 in die deutschen Siedlungen Südrusslands vorgedrungen sein.[69] „Man wollte nun nicht mehr die früheren, kalten, schläfrigen Kanzelreden hören, sondern lieh den einfachen, schlichten Zeugnissen voll Geist und Leben aus dem Munde schlichter Männer viel lieber sein Ohr" heißt es in einem von Kahle zitierten Bericht über die baptistischen Anfänge.[70]

Über das Leben meines Großvaters Heinrich Schatz weiß ich ansonsten kaum etwas. Er war sicherlich Landwirt, hat aber wohl um 1920 herum in Odessa eine wie auch immer geartete Zusatzausbildung absolviert, denn er war wohl, wie mein Vater berichtete, noch als Veterinär in seinem Dorf tätig. Dass man über ihn nichts Genaues weiß, liegt sicherlich auch daran, dass mein Vater nicht viel von ihm mitbekommen konnte, denn 1937 wurde Heinrich verschleppt und kehrte nie wieder zurück.

In der sog. Repressionsliste von Neu-Freudental, die den Mitgliedern von GRHS zugänglich ist, findet sich der folgende Vermerk:

---

[68] Pinkus/Fleischhauer [9], S. 123
[69] Wilhelm Kahle: Frömmigkeit und kirchliches Leben. In: Eisfeld [11], S. 224
[70] ebd.

„Familienname: Schatz, Vorname: Heinrich, Vatersname: Jakob, Geburtsjahr: 1887, Datum Verhaftung: 03.11.1937, Verurteilung 16.11.1937, Strafmass: 10 Jahre, Source: Auszug aus Datenbank - Odessa."[71]

Heinrich war damals 50 Jahre alt, als er in ein Arbeitslager, irgendwo in den Weiten der Sowjetunion, deportiert wurde - und mein Vater gerade elf.

Dieses einschneidende Ereignis 1937 möge als Anlass dienen, die Betrachtung der historischen Entwicklung wieder aufzunehmen, die im vorangegangenen Kapitel begonnen wurde. Bis 1914, so wurde ausgeführt, war es den Kolonisten in Russland vergleichsweise gut gegangen, doch dann sollte sich alles ändern: der Erste Weltkrieg hatte begonnen.

---

[71] Repressions List for the Village of Neu Freudental, bei www.grhs.org/chapters/gdo/memonly/repressions/neufreudental-repressions.htm (abgerufen 12.02.2017)

Erster Weltkrieg und Sowjet-Bolschewismus

Ob Großvater Heinrich am Krieg teilgenommen hatte, lässt sich derzeit nicht belegen. Die Geburtsdaten seiner ersten drei Kinder sprächen eher dagegen. Wenn, wäre er einer von den mindestens 250.000 Deutschen gewesen, die auf russischer Seite in den Krieg gegen Deutschland, Österreich und deren Verbündete gezogen waren. Es lebten damals geschätzt rund 2,4 Millionen Deutsche in Russland.[72] Nimmt man einmal an, die Hälfte davon wären Männer und wiederum die Hälfte davon im wehrfähigen Alter, so käme man auf maximal 600.000 potentielle Soldaten, d.h. jeder zweite bis dritte wehrfähige Deutsche diente in der russischen Armee. Theoretisch hätte selbst Urgroßvater Jakob (*1862) noch unter ihnen sein können, denn er wäre bei Kriegsbeginn erst 52 Jahre alt gewesen.

Doch dieser Krieg stand für die Russlanddeutschen unter keinem guten Stern. Nach den Niederlagen Russlands im ersten Kriegsjahr gegen die Mittelmächte Deutschland-Österreich schlug den Deutschen in den russischen Reihen unverhohlenes Misstrauen entgegen. Als Folge zog man sie von der Westfront ab und schickte sie in verlustreiche Kämpfe an der russisch-türkischen Front in Kaukasien, wo bis zu 40.000 von ihnen den Tod fanden[73]. Die antideutsche Stimmung begann sich auszuweiten. Sogenannte Liquidationsgesetze wurden erlassen, die die Freiheiten aller Deutschen in Russland stark einschränkten und dazu führten, dass ein Teil der Volks-

---

[72] Die Schätzung stammt von A. Mergenthaler, 1939, und wird in [12], S. 12, zitiert.
[73] Eisfeld [11], S. 73

gruppe, die Wolhyniendeutschen in der Nachbarschaft Polens, enteignet und nach Osten deportiert wurde.[74]

Weitere Verschlechterungen wurden erst durch die Februarrevolution 1917 verhindert, als der Zar und seine Regierung abdanken mussten. Russland befand sich zwar weiterhin im Krieg und unternahm noch im Sommer 1917 den Versuch, durch Offensiven seine militärische Lage zu verbessern,[75] doch eigentlich zielte das Interesse der Russen jetzt auf ihre eigenen inneren Verhältnisse. Davon profitierten auch die deutschen Kolonisten. „In kürzester Frist entstand eine mannigfaltige deutsche Presse mit einigen großen Tageszeitungen an der Spitze, die die Interessen der Kolonisten wahrnahm. Deutsche Verbände und Vereine sowie verschiedene Kulturorganisationen wurden wieder ins Leben gerufen; die deutschen Schulen wieder eröffnet und die deutsche Sprache als Amtssprache eingeführt." [76] Auch politisch begann man sich zu organisieren, so gründeten beispielsweise die Schwarzmeerdeutschen den Verband der Südrussischen deutschen Kolonisten mit seiner Verwaltungsspitze, dem Zentral-Komitee in Odessa[77].

Noch im selben Jahr wurden diese Entwicklungen durch ein Ereignis komplett überlagert: die Machtübernahme der Bolschewisten unter Lenin in der sog. Oktoberrevolution. Außenpolitisch führte dies zunächst zum Waffenstillstand und dann zum erzwungenen Frieden mit den Mittelmächten: im März 1918 wurde der Vertrag von Brest-Litowsk unterzeichnet. Innenpolitisch aber setzte ein Bürgerkrieg ein, in dem während der Folgejahre die „Roten" mit den konterrevolutionären „Weißen" um die Vorherrschaft rangen, wobei gerade in der Ukraine noch ein dritter Mitspieler auftrat: Banden unterschiedlichster Couleur, am berüchtigtsten die Bewegung um den Anarchisten Nestor Machno.[78] „Gerade die wohlhabenden deutschen Kolonien bildeten einen magischen Anziehungspunkt für umherziehende Banden", berichtet A. M—r in seiner Zusammenfassung und führt weiter aus: „Um sich gegen Zerstörungen und Mord zu schützen, waren die

---

[74] Eisfeld [11], S. 72, 73
[75] Wikipedia: „Ostfront (Erster Weltkrieg)", „Kerenski-Offensive"
[76] A. M*(ergenthale)*r [10], S. 118
[77] Bosch, Lingor [7], S. 114, 115
[78] Eisfeld [11], S. 91

Deutschen gezwungen an verschiedenen Orten einen Selbstschutz einzurichten."[79]

Die Ukraine hatte sich schon im November 1917 für unabhängig von Russland erklärt und am 9. Februar 1918 einen Separatfrieden mit den Mittelmächten geschlossen. Als die Russen daraufhin Truppen in Kiew einmarschieren ließen und die Friedensverhandlungen in Brest-Litowsk aussetzten, reagierten die Mittelmächte mit einer Großoffensive, der das revolutionsgeschwächte Russland nichts mehr entgegensetzen konnte. Innerhalb weniger Tage wurde die gesamte Ukraine besetzt; Russland willigte am 3. März 1918 in den Friedensvertrag ein und entließ nicht nur die Ukraine, sondern auch Finnland, die baltischen Gebiete und Polen in die Unabhängigkeit.[80]

In der Ukraine sorgten die deutsch-österreichischen Truppen während ihrer Besatzungszeit für eine kurze Phase relativer Ruhe und Ordnung[81]. Doch schon im November 1918 war die Niederlage der Mittelmächte im Westen besiegelt. Als Folge wurde der Vertrag von Brest-Litowsk annulliert, die Besatzungstruppen innerhalb weniger Monate zurückbeordert und das Machtvakuum in der Ukraine dem freien Spiel der Kräfte überlassen. Der Bürgerkrieg wogte hin und her und hinterließ auch in den deutschen Kolonien der Schwarzmeerregion große Zerstörungen und zahlreiche Tote. Um etwa 1920 hatte sich schließlich der Bolschewismus durchgesetzt.[82]

Eine Folge des Bürgerkrieges waren seine negativen Auswirkungen auf die Landwirtschaft. Dies führte mit einer fatalen Missernte in den Jahren 1921/22 zu einer landesweiten Hungerkatastrophe, die das Leben Hun-

---

[79] A. M*(ergenthale)*r [10], S. 117
[80] vgl. Seite „Friedensvertrag von Brest-Litowsk". In: Wikipedia, Die freie Enzyklopädie. Bearbeitungsstand: 18. August 2017, 09:56 UTC. URL: https://de.wikipedia.org/w/index.php?title=Friedensvertrag_von_Brest-Litowsk&oldid=168251457 (Abgerufen: 22. August 2017, 15:41 UTC)
[81] Wolfgang Zank: Ukraine: Land zwischen den Fronten. ZEIT-Online 25.09.2015.
[82] vgl. Eisfeld [11], S. 91, 92

derttausender Menschen forderte und nur durch den Einsatz ausländischer Hilfsorganisationen gelindert werden konnte.[83]

Pinkus/Fleischhauer [9] kommen zu der Feststellung, „dass zwischen 1918 und 1926 etwa 588.000 Deutsche "verschwunden" sind" und führen diesen statistischen Schwund (von rund einem Drittel der verbliebenen deutschen Gesamtbevölkerung in Russland) auf vier Hauptursachen zurück:
1. Die Hungerperiode der Jahre 1921 – 1922
2. Der Bürgerkrieg; vor allem das Wüten der bewaffneten Banden und Armeeabteilungen von Machno und Grigor´ev in den Dörfern nach Abzug der deutschen und der weißen Armeen
3. Übergriffe der Roten Armee, um den deutschen Widerstand zu brechen
4. Auswanderung nach Deutschland [84]

Was auch immer der Familie Schatz und ihren Angehörigen damals widerfahren ist - offensichtlich hat sich niemand zum Auswandern entschieden und man blieb trotz allem in seiner russischen Heimat und dem sagenumwobenen Neu-Freudental.

Wie ernüchternd mögen dann die Eindrücke des westdeutschen Journalisten Otto Corbach in [13] klingen, der eine kurze Zeit - vom September 1918 bis Anfang November 1921 - in Odessa und dessen Hinterland gelebt und dabei auch eine Zeitlang als Lehrer in Neu-Freudental gearbeitet hatte. Über seine Begegnung mit Neu-Freudental im Jahr 1920 schrieb er: „… dann bot sich Gelegenheit, als einfacher Schullehrer in eines der abgelegensten und rückständigsten deutschen Dörfer zu kommen, in das eine gute Tagesreise von Odessa entfernte Neufreudental. …

Neufreudental streckt sich in einem breiten Tal der dort welligen „Steppe" aus, als äußerstes einer kleinen Gruppe deutscher Dörfer, die mit anderen deutschen Ansiedlungen wenig Fühlung unterhält. Die Bewohner, deren Großväter oder Urgroßväter aus Ungarn einwanderten, sprechen einen sehr unreinen und sehr wortarmen, besonders stark mit Russischem

---

[83] vgl. A. M*(ergenthale)*r [10], S. 118 sowie Bosch, Lingor [7], S. 122, 123
[84] Pinkus/Fleischhauer [9], S. 93, 94

durchsetzten Dialekt. Die Mehrheit ist evangelisch-lutherisch, eine starke Minderheit sind Baptisten, die einen eigenen Betsaal haben."[85]

Doch setzen wir unsere Betrachtungen über die weitere Entwicklung in den deutschen Kolonien Russlands fort.

Der Zeitraum von etwa 1922 bis 1928 war geprägt von der „Neuen Ökonomischen Politik" (Abk. NEP bzw. auf deutsch NÖP), einem wirtschaftspolitischen „Konzept in der Sowjetunion, das Lenin und Trotzki bereits 1921 gegen erheblichen Widerstand in der eigenen Partei durchgesetzt hatten. Hauptmerkmal dieser Politik war eine Dezentralisierung und Liberalisierung in der Landwirtschaft, im Handel und in der Industrie, die der Wirtschaft teilweise auch marktwirtschaftliche Methoden zugestand. Die NEP blieb bis 1928 reale Politik und führte zu einer Verbesserung der Versorgung und zu relativen gesellschaftlichen Freiheiten." [86]

Auch die deutschen Kolonien profitierten von der Abkehr vom sog. „Kriegskommunismus" der ersten Stunde. A. M—r [10] schreibt dazu: „Trotz Enteignungen, Unterdrückungen, Verfolgungen und Verarmung der deutschen Dörfer hatten die Kolonisten im Rahmen der unter dem „NEP"-System gegebenen Möglichkeiten bis zum Jahre 1928 sich wirtschaftlich so einigermaßen wieder erholt und die russischen Bauern in ihren Leistungen übertroffen."[87] Detailreicher berichten Bosch/Lingor [7]: „Durch das neue Grund- und Bodengesetz bekamen die deutschen Bauern im Schwarzmeergebiet 2 – 2,5 Hektar sogenanntes Kopfland pro Person und zum Teil auch Pferde, Kühe, Kleinvieh sowie landwirtschaftliche Geräte und Maschinen von der Sowjetregierung zugeteilt. All dies gab den Bauern wieder Mut und

---

[85] Corbach [13], S. 75
[86] Seite „Neue Ökonomische Politik". In: Wikipedia, Die freie Enzyklopädie. Bearbeitungsstand: 23. Mai 2017,
   12:41 UTC.
   URL:
https://de.wikipedia.org/w/index.php?title=Neue_%C3%96konomische_Politik&oldid=165756738
   (Abgerufen: 22. August 2017, 16:04 UTC)
[87] A. M*(ergenthale)*r [10], S. 119

Zuversicht, und sie ergriffen tatsächlich neue Initiativen und leisteten zum Aufschwung der Wirtschaft ihren Beitrag."[88]

In dieser Phase des vorsichtigen Wiedererblühens ihres Dorfes wurden die Kinder Heinrichs und Katharinas geboren, d.h. mein Vater und seine beiden Schwestern. Doch schon beim zweiten Geburtstag meines Vaters änderte sich die russische Innenpolitik erneut, denn seit 1927 war Stalin zum uneingeschränkten Alleinherrscher in der Sowjetunion geworden und als solcher trieb er ab 1928 die Zwangskollektivierung der Landwirtschaft unnachgiebig voran. Ein erster Fünfjahresplan gab dazu die Marschrichtung vor.[89]

Die Kollektivierung bedeutete für die Bauern den „totalen Verlust ihrer Freizügigkeit".[90] Die Einzelwirtschaften wurden aufgelöst und die Menschen in Kollektive hineingepresst, wie A. M—r [10] ausführt, in denen der einzelne gezwungen wurde, seine Arbeit nur unter der Aufsicht von staatlichen Aufsehern zu verrichten. „Das Kollektivland gehörte dem Staat und nicht den Kollektivbauern, die im Kollektiv nur einfache Landarbeiter sind und für ihre Arbeit so schlecht vom Staat bezahlt werden, dass ihnen der Verdienst... kaum zum Essen ausreicht."[90]

Parallel mit der Kollektivierung richtete sich die neue Politik gegen alle reicheren Bauern, die pauschal als „Kulaken" diffamiert und zur Aufgabe ihres Besitzes gezwungen wurden. Dies betraf jetzt nicht den bereits ein Jahrzehnt vorher beseitigten Stand der Großgrundbesitzer, sondern alle erfolgreicheren Kleinbauern, zum Beispiel in den deutschen Kolonien. Viele dieser „Kulaken" wurden „mit ihren Familien, Frauen, Kindern und alten Menschen ... vertrieben und in weit entfernte Gegenden im hohen Norden

---

[88] Bosch, Lingor [7], S. 124, 125
[89] Seite „Josef Stalin". In: Wikipedia, Die freie Enzyklopädie. Bearbeitungsstand: 3. August 2017, 16:05 UTC.
URL:
https://de.wikipedia.org/w/index.php?title=Josef_Stalin&oldid=167839280 (Abgerufen: 22. August
2017, 14:47 UTC)
[90] A. M*(ergenthale)*r [10], S. 120

gebracht, wo sie in den Urwäldern bei Archangelsk oder der Petschora am Weißen Meer hinter dem Polarkreis als Holzfäller oder zum Ausheben des Weißmeerkanals eingesetzt wurden."[91]

Diese Maßnahmen zur „Entkulakisierung" fanden auch in Neu-Freudental statt, wie der Zeitzeuge G. Schmoll berichtet: „Die erste Verschleppung war im Januar 1930. In dieser Nacht wurden 8 Familien mit Kindern erbarmungslos bei hartem Frost zum Bahnhof gebracht und nach Archangelsk abtransportiert. Bald kam eine nach der anderen bis es allein aus Neu-Freudental sechsundsiebzig waren."[92]

Andernorts konnten einige Tausend deutscher Kolonisten der drohenden Verbannung durch Flucht entgehen, viele jedoch wurden auf der Flucht gefasst und „als Staatsfeinde" nach Sibirien verbannt.[93]

Infolge der rücksichtslosen Durchführung der Kollektivierung und der Entkulakisierung in Verbindung mit Misswirtschaft in den Kollektiven sowie schlechten Ernteerträgen kam es in den Jahren 1932 und 1933 erneut zu einer Hungersnot, die vor allem die Ukraine betraf und der zahllose Menschen zum Opfer fielen. Das Ausmaß dieser in der Ukraine als „Holodomor" bezeichneten Katastrophe war unvorstellbar, wenn man dem Eintrag in Wikipedia folgt: „Nach Berechnungen der Ukrainischen Akademie der Wissenschaften, die im November 2008 veröffentlicht wurden, betrug die Opferzahl in der Ukraine ca. 3,5 Millionen Menschen. Andere Schätzungen gehen von 2,4 Millionen bis 7,5 Millionen Hungertoten aus. Der britische Historiker Robert Conquest beziffert die Gesamtopferzahl auf bis zu 14,5 Millionen Menschen. Hierbei wurden neben den Hungertoten auch die Opfer der Kollektivierung und Entkulakisierung und der Geburtenverlust hinzugerechnet."[94]

---

[91] Bosch, Lingor [7], S. 127, 128
[92] G. Schmoll: Neu-Freudental bei Odessa. In: Volk auf dem Weg, Landsmannschaft der Deutschen aus Russland, 11. Nummer, November 1962.
[93] A. M*(ergenthale)*r [10], S. 120
[94] Seite „Holodomor". In: Wikipedia, Die freie Enzyklopädie. Bearbeitungsstand: 18. August 2017, 07:06 UTC.
   URL: https://de.wikipedia.org/w/index.php?title=Holodomor&oldid=168247694 (Abgerufen: 22. August 2017, 20:21 UTC)

Was die deutsche Bevölkerung in den Schwarzmeer-Kolonien anbelangt, so scheinen die Opferzahlen dort deutlich geringer gewesen zu sein, denn Pinkus/Fleischhauer [9] berechnen für Gesamtrussland aus den staatlichen Statistiken einen Verlust der deutschen Bevölkerung in den Jahren von 1926 bis 1939 von etwa 96.000 Personen. Die Gründe dafür sollen sich zudem auf vier Ursachen verteilen:

1. „Die sogenannte Entkulakisierung hatte durch Deportation und Massensterben an den Orten der Verbannung Zehntausende von Deutschen, meist Männer, hinweggerafft.
2. Die Hungersnot der Jahre 1932-1933, ausgelöst durch eine nach Zwangskollektivierung und Entkulakisierung entkräftete Landwirtschaft, hat tiefe Lücken in die deutsche Bevölkerung gerissen.
3. Eine Emigrationswelle von freilich geringerem Ausmaß in den Jahren 1926-1933 hatte deutsche Familien und Gemeinden aus Russland weggespült.
4. Die Massenverhaftungen und – deportationen in der Zeit der großen Säuberungen (1936-1938) hatten zahllose Opfer unter der deutschen Bevölkerung gefordert".[95]

Bevor wir zum letzten Punkt dieser Liste kommen, den sog. Säuberungen, zu deren Opfern sowohl Großvater Heinrich als auch sein Bruder Jakob zählten, wollen wir noch einen kurzen Blick auf den sozialistischen Alltag in den deutschen Kolonien werfen. Eisfeld [11] hat hier einiges an Zahlenmaterial aus unterschiedlichsten Quellen zusammengestellt, das hier kurz wiedergegeben werden soll:

Bereits 1923 begann man mit der Gründung nationaler Dorfsowjets, deren Anteil sich rasch erhöhte. So zählte man in der Ukraine 1925 fast 100 deutsche Dorfsowjets, 1927 bereits über 270. Desweiteren gab es deutsche Rayons (Landkreise), 1931 acht an der Zahl. Mit der Gründung der deutschen Dorfsowjets und der Rayons wurde auch Deutsch als Unterrichtssprache und Amtssprache eingeführt. Selbst das Gerichtswesen wurde in deutscher Sprache abgewickelt: 1934 gab es 11 Volksgerichte. Außerdem wurde 1927 ein Netz von Partei-, Komsomol- und Pioniergruppen aufge-

---

[95] Pinkus/Fleischhauer [9], S. 95

baut. Allerdings waren die Deutschen im Vergleich mit anderen nationalen Minderheiten nur schwach in der Partei vertreten, Eisfeld nennt hier die Zahl von 42 Mitgliedern auf 10.000 Deutsche. Selbst in den deutschen Dorfsowjets der Ukraine gab es 1929 nur rd. 10% Kommunisten.

Durch die Einführung des Deutschen als Unterrichtssprache zählte man 1926 bereits 521 deutsche Schulen, in denen 38.736 Schüler, d.h. 63% der Schulpflichtigen, unterrichtet wurden.[96]

Im Jahr 1923 wurde der deutsche Staatsverlag Engels gegründet, der in den Jahren 1933 bis 1935 über 550 Titel mit einer Gesamtauflage von fast 3 Millionen Exemplaren auf den Markt brachte – darunter fast 180 unterschiedliche Schulbücher und an zweiter Stelle Werke aus dem Bereich Marxismus-Leninismus[97]. Das wirkt aus heutiger Sicht wie eine Trockenübung für das, was später in der DDR zur Volkserziehung realisiert wurde.

Über die Vorgänge in Deutschland wurden die deutschen Sowjetbürger nur „aus der Feder der sowjetischen Propaganda" informiert.[98] Dass die Entwicklungen im Deutschen Reich aber auch Auswirkungen auf die Situation der Deutschen in Russland hatte, zeigte sich darin, dass 1938 in der Ukraine die deutschen Schulen „aufgehoben" und als Unterrichtssprache die russische bzw. ukrainische eingeführt wurden. Ab März 1939 waren auch alle deutschen Landkreise in der Ukraine liquidiert.[98]

Zur bolschewistischen Zielsetzung und damit zur sozialistischen Lebensgestaltung gehörte auch der Kampf gegen die Religion.

Allerdings war man sich in Partei und Regierung bewusst, dass die religiöse Verwurzelung im russischen Volk nicht sofort beseitigt werden konnte, ohne Gefahr zu laufen, den Rückhalt in der Bevölkerung zu verlieren. Daher wurden zunächst, in den Jahren 1918 bis 1929, die bestehenden Religionen weiterhin anerkannt.[99] Nach entsprechenden Gesetzesänderun-

---

[96] vgl. Eisfeld [11], S. 104, 106
[97] ebd., S. 110/111
[98] ebd., S. 112
[99] Pinkus/Fleischhauer [9], S. 111

gen setzte dann aber ab 1929 bis 1939 eine Phase ein, die für die verschiedenen Religionsgemeinschaften der UdSSR extrem schwierig wurde. „Sie mussten nicht nur massive Diffamierungskampagnen und Einschüchterungsaktionen nebst Schließung ihrer Gotteshäuser über sich ergehen lassen, sondern immer mehr Geistliche und Gläubige Inhaftierung, Aburteilung und Verbannung erdulden."[100] Die Kirchen selbst wurden zu Lagerräumen oder Kinos oder Tanzsälen.[101]

In einer Fußnote heißt es bei Pinkus/Fleischhauer [9], dass die Sekten (z.B. Baptisten!) und Freikirchen in den dreißiger Jahren zum Hauptziel der antireligiösen Kampagnen wurden. „Der Grund für die Schärfe dieser Angriffe lag vermutlich in der Erkenntnis, dass gerade diese wenig strukturierten und insofen schwer erreichbaren Sekten und religiösen Gruppen im politisch-religiösen Untergrund ganz besonders aktiv und einflussreich sein konnten." [102]

Kommen wir jetzt auf die Ereignisse in der zweiten Hälfte der 1930er Jahre.

Das, was meinem Großvater und meinem Großonkel 1937/38 zustieß, waren Aktionen des „Großen Terrors" – auch als „Große Säuberung" bezeichnet, einer von Herbst 1936 bis Ende 1938 dauernden umfangreichen Verfolgungskampagne in der Sowjetunion. In Wikipedia heißt es dazu: „Die Durchführung dieser von Josef Stalin veranlassten und vom Politbüro gebilligten Terrorkampagne lag bei den Organen des Innenministeriums der UdSSR (NKWD) unter Leitung von Nikolai Jeschow. Der Terror richtete sich vor allem gegen mutmaßliche Gegner der stalinistischen Herrschaft und als unzuverlässig angesehene „Elemente" oder Gruppen.

Als Zeit des Großen Terrors im engeren Sinn werden die Monate von Juli 1937 bis Mitte November 1938 verstanden. Allein in diesem Zeitraum kam es zur Verhaftung von etwa 1,5 Millionen Menschen, von denen etwa

---

[100] Pinkus/Fleischhauer [9], S. 117
[101] A. M*(ergenthale)*r [10], S. 120
[102] Pinkus/Fleischhauer [9], S. 118

die Hälfte erschossen, die anderen bis auf wenige Ausnahmen in die Lager des Gulags gebracht oder in Gefängnissen inhaftiert wurden. Die umfassenden Repressionen gelten als Höhepunkt einer Kette von Säuberungswellen der Stalin-Ära." [103]

Detailliertere Informationen zum Schicksal der Deutschen liefert Eisfeld [11], doch erscheinen seine Zahlenangaben, die auf einer ukrainischen Quelle beruhen, deutlich zu hoch. Ein Blick in die Repressionsliste von Neu-Freudental bei GRHS kann helfen, die tatsächliche Größenordnung, wenn nicht realistischer, so doch zumindest in ihrer Dimension des Grauens besser zu erfassen. In dem zu der Zeit vielleicht mit 800 Deutschen bewohnten Ort Neu-Freudental verschwanden 1937 und 1938 mindestens 40 Erwachsene, der jüngste 20, der älteste 60 Jahre alt, mithin etwa 5% der Gesamtbevölkerung. Von diesen rd. 40 Erwachsenen wurden 30 erschossen.[104]

Was warf man diesen Menschen vor? Was warf man Familienvätern wie meinem Großvater und seinem Bruder vor?

Zugängliche Informationen darüber sind derzeit nicht verfügbar, gewisse Hinweise liefert die Literatur, z.B. bei Eisfeld [11]. Dort heißt es: „Der häufigste Vorwurf lautete: Zugehörigkeit zu einer „national-faschistischen Organisation". Aus den Unterlagen des NKWD geht zweifelsfrei hervor, dass die Anschuldigungen aus der Luft gegriffen waren und nur Vorgaben Moskaus folgten. Allerdings wurden sie mancherorts bei der Umsetzung verschärft. So fiel auf dem XIII. Kongress der KP der Ukraine von Mai bis Juni 1937 der Beschluss zur Umsiedlung aller „von faschistischer Ideologie angesteckter" Deutscher. Daraufhin wurden fast alle deutschen Funktionä-

---

[103] Seite „Großer Terror (Sowjetunion)". In: Wikipedia, Die freie Enzyklopädie. Bearbeitungsstand: 7. August
2017, 15:12 UTC.
URL:
https://de.wikipedia.org/w/index.php?title=Gro%C3%9Fer_Terror_(Sowjetunion)&oldid=167948199
(Abgerufen: 22. August 2017, 21:30 UTC)
[104] Repressions List for the Village of Neu Freudental, bei
www.grhs.org/chapters/gdo/memonly/repressions/neufreudental-repressions.htm (abgerufen 12.02.2017)

re in den deutschen Landkreisen der Ukraine verhaftet." [105] Vielleicht kam man so auch auf den Veterinär des Ortes Neu-Freudental.

Nicht auszuschließen als Verhaftungsgrund ist außerdem der baptistische Glaube der beiden Schatz-Brüder.

In dem gerade zitierten Wikipedia-Artikel findet sich ein weiterer bemerkenswerter Satz: „Das Risiko einer Erschießung hing außerdem stark vom Zeitpunkt der Verhaftung ab. Je später sie in den Monaten des Großen Terrors erfolgte, desto wahrscheinlicher war ein Todesurteil, weil im Gulag einfach kaum mehr Platz für Neuankömmlinge war."

Zynischer lässt sich kaum erklären, weshalb der erst am 26.3.1938 verhaftete Jakob Schatz erschossen und sein ein halbes Jahr vorher, am 3.11.1937 inhaftierter Bruder Heinrich nur zu einer 10jährigen Arbeitslagerstrafe verurteilt wurde. - Aus der er allerdings niemals zurückkehrte.

Doch so schrecklich diese Ereignisse individuell auch waren, das aus meiner Sicht dunkelste Kapitel in der Geschichte der schwarzmeerdeutschen Kolonisten sollte erst noch folgen.

---

[105] Eisfeld [11], S. 112

Transnistrien 1941-1944

Transnistrien war von 1941 bis 1944 die offizielle Bezeichnung für das Teilgebiet der Ukraine zwischen den Flüssen Dnjestr (rumänisch: Nistru) im Westen und Bug im Osten, siehe Bild 15. Es umfasste bei einer Ausdehnung von etwa 350 km Länge und 90 bis 150 km Breite eine Fläche von rund 42.000 Quadratkilometern (etwas kleiner als das heutige Niedersachsen in Deutschland), war aber mit 2,2 Millionen Menschen recht dünn besiedelt.[106] In Transnistrien befand sich nicht nur die Großstadt Odessa, sondern dort lagen mit mindestens 228 Ortschaften – eine davon Neu-Freudental - auch die meisten der schwarzmeerdeutschen Kolonien.[107] Insgesamt lebten ca. 130 bis 135 Tausend Deutsche in Transnistrien,[106,108] „Volksdeutsche", wie man sie in deutscher Amtssprache seit 1938 im Gegensatz zu den in Deutschland lebenden „Reichsdeutschen" bezeichnete.[109]

---

[106] vgl. Fleischhauer [12], S. 117
[107] ebd., S. 121
[108] Bosch, Lingor [7], S. 166
[109] Buchsweiler [14], S. 86

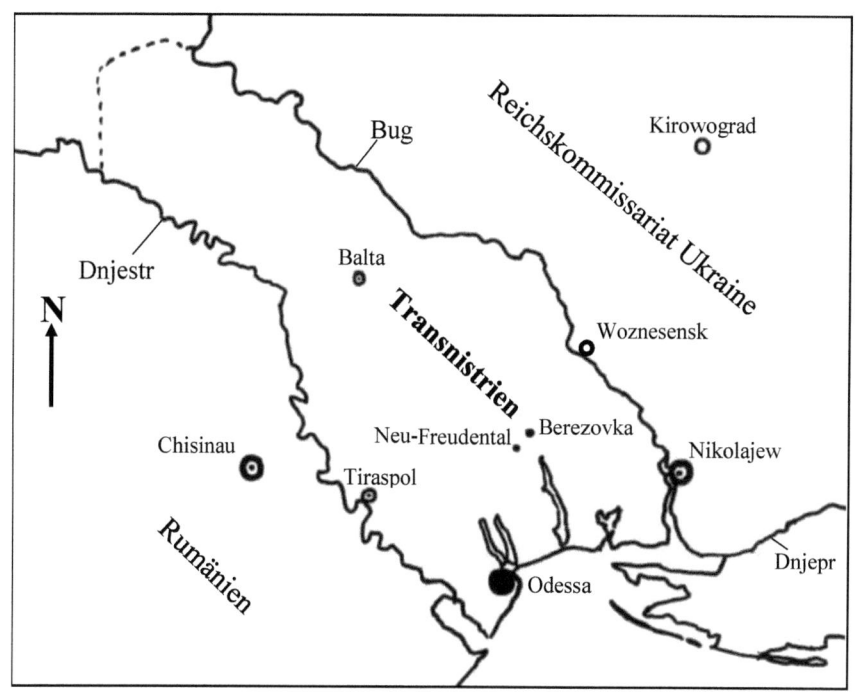

Bild 15: Transnistrien gemäß Ausschnitt aus „Europa 1943 – Freytag & Berndt´s Handkarte von Europa"[110]

Transnistrien gehörte nicht mehr zur Sowjetunion, sondern war faktisch dem südwestlichen Nachbarland Rumänien angegliedert worden, oder wie es genauer im Vertrag von Tighina vom 30.8.1941 hieß: Rumänien war verantwortlich für die „Sicherung, Verwaltung und Wirtschaftsausnutzung" Transnistriens.[111]

Was war geschehen?

---

[110] American Geographical Society Library – Maps, bei: http://collections.lib.uwm.edu/cdm/singleitem/collection/agdm/id/6554 (abgerufen am 05.06.2017)
[111] Wortlaut des Vertrages im Anhang von [15]

Im Juni 1941 hatte der deutsche Angriff auf die Sowjetunion begonnen, der im Süden von starken Einheiten des verbündeten Rumäniens unterstützt worden war. Bis auf Odessa, das noch bis zum 16. Oktober der deutsch-rumänischen Belagerung standgehalten hatte, war das Terrain blitzkriegartig schnell besetzt worden. Schon im Juli bis spätestens September 1941 waren viele der Kolonistendörfer in deutscher bzw. rumänischer Hand.[112]

Über die ersten Eindrücke, die Wehrmachtsangehörige 1941 bei den Kolonisten sammelten, berichtet Ingeborg Fleischhauer in [12] am Beispiel der Erfahrungen des zivil im Deutschen Auslandsinstituts Stuttgart beschäftigten Feldwebels Dr. Hermann Mauer in den sog. Kutschurganer Siedlungen (Elsass, Kandel, Strassburg usw., siehe Bild 11):

„Die Bevölkerung der Kutschurganer Siedlungen, Anfang des 19. Jahrhunderts aus dem Südwesten Deutschlands eingewandert, erschien Mauer noch immer „rein deutschblütig"; Mischehen waren selten. Juden, sowjetische Funktionäre und „mit ihnen belastete Deutsche" hatten die Siedlungen in ihrer Mehrheit vor dem deutschen Einmarsch verlassen. Die männliche Bevölkerung war durch Verbannung und Verfolgung stark dezimiert. Es herrschte starker „Frauenüberschuss". *(Anmerkung: Unter den in Transnistrien lebenden Deutschen von etwa 130 bis 135.000 befanden sich laut Buchsweiler [16] um 1943 rd. 33.000 Männer und 47.000 Frauen.[113])* Die Kinderzahl war „eingeschränkt, aber doch ansehnlich". Der Gesundheitszustand der deutschen Bevölkerung war aufgrund fehlender ärztlicher Versorgung und mangelhafter Ernährung schlecht („allgemeine Magerkeit"). Viele Kinder litten an verschleppten Krankheiten."[114]

Weiter heißt es bei Fleischhauer: „Ein kulturelles Leben bestand nicht mehr. Kirchen waren seit 1935 in Klubs, Tanzsäle, Viehställe verwandelt, die Kirchtürme abgetragen, die Glocken zerschlagen. Die verwahrlosten Friedhöfe wurden als Viehweiden benutzt. Der Besitz der Familien beschränkte sich auf Wohnraum, Küche, Stall und ein kleines Stück Garten

---

[112] Buchsweiler [14], S. 295f
[113] ebd., S. 407
[114] Fleischhauer [12], S. 93

vor dem Haus. Ein Teil der Familien besaß daneben eine Kuh (die sog. Stalinkuh), ein Schwein, eine Ziege und einige Hühner. In den Häusern war der Hausrat der vorrevolutionären Zeit vorhanden, Neuanschaffungen hatten nicht stattgefunden. Die Mehrheit der Häuser war „heruntergekommen". Stattlichere Häuser, die den früheren Wohlstand ihrer Besitzer hätten verraten können, waren zur Tarnung mit schmutzigem Lehm beschmiert. Die Kleidung der Bevölkerung war außerordentlich dürftig. „Der Großteil der Bevölkerung geht in Lumpen. Sorgsame haben ein gutes Kleidungsstück im Hintergrund behalten. Viele besitzen nur Hose und Hemd, die Mehrheit kein Schuhzeug, die Frauen nur ein Kleid. Die Kinder gehen überhaupt in Lumpen"."[115]

Nach diesem Erstkontakt gingen Wehrmachtseinheiten und die nachrückenden Mitglieder der etwa 500 bis 800 Mann starken Einsatzgruppe D daran, in Transnistrien Ordnung im Sinne des NS-Staates zu schaffen. Die Volksdeutschen wurden dabei unterstützt und gefördert, sie waren die verlorenen Geschwister, die „heim ins Reich" geholt werden sollten. Anders erging es den Kommunisten gleich welcher Nationalität, den Juden und sonstigen „radikalen Elementen (Saboteure, Propandeure, Heckenschützen, Attentäter, Hetzer usw.)".[116] Die Einsatzkommandos der Gruppe D hatten den Auftrag, all diese Menschen unverzüglich zu exekutieren und gingen dieser Aufgabe rücksichtslos nach. Bis Ende September 1941, dem Abzug der Einsatzgruppe D, waren in ihrem Operationsgebiet allein fast 36.000 Juden liquidiert worden.[117]

Während die meisten Morde im Geheimen abliefen, traten die Täter laut Andrej Angrick [15a] zugleich in inszenierten Schauveranstaltungen vor den versammelten Dorföffentlichkeiten auf, um als selbsternannte Gerichtsherren „Recht" zu sprechen, etwa gegen solche Dorfbewohner, die während der Stalinschen Terrorjahre an den Verschleppungen beteiligt gewesen waren. Solche „Volksfeinde" wurden in aller Regel gnadenlos umgebracht, zum Teil noch vor dem Gerichtssaal hingerichtet.[118]

---

[115] Fleischhauer [12], S. 94, 95
[116] ebd., S. 102
[117] ebd., S. 111
[118] Angrick [15a], S. 84, 85

Zugleich begann eine rege Umgestaltung der vorhandenen Strukturen. Bei Angrick [15a] heißt es dazu: „Umgekehrt schritt die Aufbauarbeit in den mit Hakenkreuzfahnen geschmückten Dörfern voran. Die Schutzkommandos setzten Dorfschulzen und -verwaltungen sowie Lehrkräfte ein, traten als Unterhändler gegenüber den rumänischen Dienststellen auf, bildeten den Selbstschutz aus, veranstalteten Informations- und Filmabende, konzentrierten außerhalb lebende Bauern, Ärzte und Lehrer im Siedlungsgebiet, vermittelten Arbeitsstellen, eröffneten Spitale und kümmerten sich um die täglichen Belange. So auch indem sie die Wohnungen und Gebrauchsgegenstände der ermordeten Juden den „Witwen und Familien Verschickter" zur Verfügung stellten."[119] Man kann daher wohl nicht ausschließen, dass auch die Familie Schatz, bei der kurz vor Kriegsbeginn immerhin beide Familienväter abgeholt bzw. getötet wurden, in irgendeiner Form aus entsprechenden Quellen gefördert worden sein könnte.

Wie gestaltete sich jetzt die weitere Zukunft für die Schwarzmeerdeutschen in den besetzten Gebieten? Um weiterhin für den besonderen Schutz der Volksdeutschen in Transnistrien zu sorgen, wurden im Laufe des Monats September 1941 die Richtung Kaukasus weiterziehenden Einsatzkommandos abgelöst durch das Sonderkommando R (Russland) unter Führung des damaligen SS-Standartenführers Horst Hoffmeyer.[120]

Das Sonderkommando R war eine Außenstelle der sog. Volksdeutschen Mittelstelle (VoMi), zuständig für die Belange der Volksdeutschen im Ausland und seit Juni 1941 ein SS-Hauptamt, direkt dem Reichsführer SS (Heinrich Himmler) unterstellt.[121] Laut Buchsweiler [14] waren die Angehörigen des Sonderkommandos R allesamt SS-Leute, mit (Ende 1942) etwa 160 Mann in Transnistrien.[122]

---

[119] Angrick [15a], S. 85, 86
[120] Fleischhauer [12], S. 118f
[121] Seite „Volksdeutsche Mittelstelle". In: Wikipedia, Die freie Enzyklopädie. Bearbeitungsstand: 5. Juli 2017, 17:12 UTC. URL: https://de.wikipedia.org/w/index.php?title=Volksdeutsche_Mittelstelle&oldid=167007146 (Abgerufen: 23. August 2017, 09:07 UTC)
[122] Buchsweiler [14], S. 325

Hoffmeyer führte zur besseren Verwaltung sogenannte Bereichskommandos ein, sorgte bis Ende Februar 1942 dafür, dass alle Volksdeutschen spezielle Ausweise erhielten[123] und machte sich an den Ausbau der Infrastruktur: es wurden Umsiedlungen durchgeführt, um die Deutschen nicht vereinzelt leben zu lassen, die Schulen durch neue Lehrer aufgestockt und für eine intensive propagandistische Umerziehung im Sinne der NS-Ideologie gesorgt.[124,125] Aus dem gerade erst wiedergegründeten Selbstschutz formte Hoffmeyer eine schlagkräftige Truppe, die schon im Frühjahr 1942 auf 7000 Mann angewachsen war[126] und später bis zu 9000 Mitglieder gehabt haben soll.[127] Diese Truppe unterstand den Offizieren des Sonderkommandos R und bildete zugleich dessen militärischen Arm.[128]

Das alles führte dazu, dass die „deutschen Siedlungen einen eigenen Staat innerhalb des rumänischen Hoheitsgebiets" bildeten und sich innerhalb weniger Wochen ein Vertrauensverhältnis entwickelte, dergestalt, dass sich das Gros der Volksdeutschen „vom Reich angenommen, verstanden und beschützt" fühlte.[129]

Noch 15 Jahre später, Ende der 1950er Jahre, heißt es bei A. M---r in seiner Rückschau [10]: „Unter dem Schutz der deutschen Besatzungsmacht begann für die Deutschen ein neues Leben. Sofort riefen sie wieder ihre alten Kolonistenschulen ins Leben und öffneten ihre Kirchen. Deutsche Lehrer erteilten den Kindern Unterricht und Wehrmachtspfarrer hielten Gottesdienste und Bibelstunden; sie tauften die Neugeborenen, konfirmierten die Jugendlichen und trauten die Ehepaare. …Zum Teil bekamen die deutschen Bauern auch ihr früheres Vermögen wieder zurück: Haus und Hof, Land, landwirtschaftliche Maschinen, Zugvieh usw. Auch war man

---

[123] Fleischhauer[12]; S.124
[124] vgl. Fleischhauer [12], S. 118 f
[125] Görlich [15d], S. 95 - 110
[126] Fleischhauer [12], S. 126
[127] Angrick [15a], S. 86
[128] Buchsweiler [14], S. 327,28
[129] Angrick [15a], S. 87

im Begriff, die Deutschen in größeren deutschen Ansiedlungsgebieten zusammenzufassen."[130]

Auch in meinem Vater hatten diese positiven Erfahrungen mit der deutschen Besatzung weitergelebt. Eigentlich sein ganzes Leben lang. Dagegen sind die Erinnerungen an den Sowjet-Bolschewismus so traumatisch gewesen, dass er die Deutschen, denen er damals als 14- bis 17-jähriger begegnet ist – und das müssen nach Lage der Dinge vor allem SS-Leute gewesen sein - bis zum Ende seiner Tage nur als Befreier sehen konnte. - „Da ging es uns wieder gut..."

Wie gut sich die deutschen Besatzer um ihre volksdeutschen Schäflein in Transnistrien kümmerten, illustriert beispielsweise auch die „Weihnachtsspende aus dem Reich" des Winters 1942/43. Jeder Volksdeutsche erhielt ein Kleid bzw. einen Anzug, evtl. Mantel und Hut, je drei Hemden und entsprechende Leibwäsche und sonstige für den Lebensbedarf notwendigen Utensilien, samt einem Koffer - die Bedürftigen überdies noch Federbetten, Decken und Bettwäsche. Tatsächlich stammten diese Dinge aber keineswegs aus dem Reich, sondern aus den Lagerhäusern von Lublin und Auschwitz und der Auftraggeber für dieses zynische Geschenk war niemand geringeres als der Reichsführer SS, Heinrich Himmler.[131]

Aus heutiger Sicht ist es klar, dass mit dem deutschen Angriff 1941 auf Stalins Sowjetunion der Teufel durch den Beelzebub ausgetrieben wurde. Und man kann sich denken, was zu erwarten war, wenn eine SS-Organisation im Süden der Ukraine die maßgebende Macht im Staate darstellte. Aber tatsächlich war auch in meinem Bewusstsein nur das verankert, was sich anderswo zugetragen hatte, in den bekannten Zentren der Vernichtung von Auschwitz bis Majdanek, von Treblinka bis Sobibor und wie diese Stätten alle heißen. Dabei gab es zahlreiche andere Tatorte.

Einer dieser weniger bekannten Schauplätze des Holocaust war Transnistrien. Zu Beginn der deutsch-rumänischen Besetzung lebten in

---

[130] A. M*(ergenthale)*r [10], S. 121
[131] Fleischhauer [12], S. 135, 136

Transnistrien rd. 200.000 Juden. Davon wurden während der Besetzung insgesamt etwa 175.000 getötet.[132,133] Zusätzlich wurden aus Rumänien rund 150.000 Juden nach Transnistrien verschleppt und - wenn sie die Anreise überstanden - in einem Netz von mehr als 100 Lagern und Ghettos untergebracht, die von der rumänischen Verwaltung vorwiegend im östlichen Transnistrien errichtet worden waren.[134] Insgesamt haben von diesen rumänischen Juden grob geschätzt nur etwa 50.000 überlebt. Von den 25.000 nach Transnistrien vertriebenen Roma überlebten maximal 11.000.[133]

Was wussten die befreiten Schwarzmeerdeutschen von diesem Völkermord, der um sie herum geschah?

M. Buchsweiler fasst nach einer umfangreicher Recherche [14] das Thema wie folgt zusammen: „Die einheimischen Deutschen in der Ukraine wussten alle, was den Juden angetan wurde, und das schon bald nach der Eroberung. Viele erhielten etwas von dem Gut, dass man den Juden geraubt hatte, und mindestens einige hundert (wenn nicht sogar einige tausend) von ihnen beteiligten sich *aktiv* an den Vernichtungsaktionen."[135]

Es ist daher wohl davon auszugehen, dass für die Deutschen Transnistriens der Holocaust nichts war, von dem man erst nach Ende des Krieges erfuhr.

Wovon ich keine Vorstellung hatte, war die direkte Verwicklung von einigen ansässigen Deutschen in die Verbrechen an den Juden. Und damit meine ich nicht die Ahnung oder gar das Wissen um die tatsächliche Herkunft großzügiger Kleiderspenden wie etwa Weihnachten 1942. Es gab tatsächlich auch eine aktive Beteiligung von einigen Volksdeutschen am Holocaust. Davon habe ich erst bei den Recherchen zu diesem Buch erfahren, obwohl die wesentlichen Fakten zumindest seit den 1980er Jahren durch die Werke von Fleischhauer [12] und Buchsweiler [14] in viel größe-

---

[132] Fleischhauer [10], S. 139
[133] Benz [15b], S. 30
[134] Mihok [15c]
[135] Buchsweiler [14], S. 383

rem Umfang hätten bekannt sein müssen. In Deutschland hat es bereits 1962 entsprechende staatsanwaltschaftliche Untersuchungen gegeben.[136]

Als der volksdeutsche Selbstschutz im Sommer 1941 wieder neu ins Leben gerufen wurde (es hatte ihn ja schon während des Bürgerkriegs nach Ende des ersten Weltkriegs gegeben), hatte er vor allem defensive Aufgaben. Er sollte als eine Art Hilfspolizei vor Ort die Sicherheit und Ordnung aufrechterhalten; am Anfang vor allem die deutsche Bevölkerung vor rumänischen Übergriffen, sprich: Plünderungen, schützen, später – ab Sommer 1942 – Partisanenangriffe abwehren. Das Mindestalter der Selbstschutzmänner betrug 18 Jahre. Zunächst waren es vor allem die Jahrgänge 1914 bis 1918, die systematisch einberufen wurden, ab Sommer 1942 erfolgte die planmäßige Einberufung aller Wehrtauglichen ab 18.[137]

Wenn man die Anzahl der deutschen Männer Transnistriens mit rd. 35.000 ansetzt und die Mitglieder des Selbstschutzes mit nur 7000, dann wäre mindestens jeder Fünfte im Selbstschutz gewesen.

Dass der Selbstschutz nicht nur als eine Art Hilfspolizei zum Einsatz kam, lag, wie Erik Steinhart in seiner Dissertation [16] ausführt, ganz entscheidend an den Differenzen, die sich zwischen Deutschland und Rumänien aus der Umsetzung ihrer jeweiligen antijüdischen Politik ergeben hatten.

Der Moment des Sündenfalls lässt sich auf Mitte Dezember 1941 fixieren.[138] Bei der Ortschaft Bogdanovka am Westufer des Bugs, etwa 30 km nördlich von Woznesensk, drohte in einem rumänischen Lager für Juden aus Bessarabien und der Bukowina wegen totaler Überfüllung und unhaltbarer hygienischer Verhältnisse Fleckfieber oder Typhus auszubrechen.[139] In Absprache mit den lokalen SS-Kommandoführern entschloss man sich zu einer gemeinsamen Erschießungsaktion, die arbeitsteilig von den Rumänen und den Deutschen durchgeführt wurde und der über 50.000 Menschen

---

[136] Hinweise darauf finden sich z.B. bei [14], S. 376 oder [15a], S.87
[137] Fleischhauer [12], S. 110 und S. 138
[138] Steinhart [16], p. 433, 434
[139] ebd., p. 309-318

vom 21.12.1941 bis zum 15.01.1942 zum Opfer fielen.[140] Unter den Tätern befanden sich auch ca. 60 volksdeutsche Selbstschutzmänner aus dem Bereichskommando XI (Sitz: Rastatt) unter dem SS-Führer Hartung.[141]

Ein zweiter Massenmord betraf die Juden in der Hafenstadt Odessa. Als Odessa im Oktober 1941 fiel, lebten etwa 80 bis 90.000 Juden in der Stadt.[142] Dort kam es vom 23. bis zum 25. Oktober 1941 zu einem Massaker, als nach einer Zeitbomben-Explosion im rumänischen Hauptquartier in Odessa insgesamt 61 Personen starben, einschließlich des rumänischen Generals Glogojeanu. Ministerpräsident Ion Antonescu gab daraufhin den Befehl, als Vergeltung für jeden getöteten Offizier 200 und für jeden Soldaten 100 Juden oder Kommunisten zu töten.[143] Diese Vorgaben wurden von den Mördern weit übertroffen: es kamen wohl mindestens 25.000 Juden ums Leben.[144] Die Reste der jüdischen Bevölkerung der Stadt wurden zunächst in einer Art Ghetto zusammengefasst, dann aber von der rumänischen Gendarmerie nach Norden ins volksdeutsche Siedlungsgebiet getrieben. Ziel war wohl laut Angrick, dass die Ermordung der Juden nicht von den Rumänen auf dem Gebiet Transnistriens, sondern von den Deutschen in der deutsch besetzten Ukraine jenseits des Flusses Bug zu erfolgen hätte.[145]

So gelangte der Zug der aus Odessa Verschleppten im Januar, bei Temperaturen unterhalb minus 30°C, in den Bereichsbezirk von Worms, einer deutschen Siedlung rund 30 km nordwestlich von Neu-Freudental. Die überraschten und überforderten deutschen Verantwortlichen befahlen jegliches Eindringen der Juden in die volksdeutschen Siedlungen nötigenfalls mit Waffengewalt zu verhindern und verfügten weiterhin, dass zu-

---

[140] Steinhart [16], p. 318–326 sowie Angrick [15a], S. 91
[141] Steinhart [16], p. 319, 320
[142] Fleischhauer [12], S. 127
[143] Seite „Odessa". In: Wikipedia, Die freie Enzyklopädie. Bearbeitungsstand: 26. Juli 2017, 10:01 UTC. URL:
https://de.wikipedia.org/w/index.php?title=Odessa&oldid=167606818
 (Abgerufen: 23. August 2017, 12:49 UTC)
[144] Fleischhauer [12], S. 140
[145] Angrick [15a], S. 86-90

sammengebrochene Juden, die hilflos am Wegesrand lagen, „mit Hilfe des volksdeutschen Selbstschutzes zu liquidieren" seien. Dieser Auftrag wurde unter dem Kommando des Bereichskommandoführers Streit durch volksdeutsche Selbstschutzleute mit der Ermordung von 3.000 Menschen ausgeführt.[146]

Die verbliebenen Zehntausende Odessaer Juden wurden zum Bug und wieder zurück dirigiert, zum Teil im Kreis auf Todesmärsche im nordöstlichen Transnistrien herumgeführt, bis sie in der Nähe der Stadt Berezovca gesammelt und dann auf besonderen Hinrichtungsplätzen von der SS und den Selbstschutzkräften der Bereichskommandos Lichtenfeld (Kommandoführer Liebl) und Rastatt (Kommandoführer Hartung) erschossen wurden. Diese Tötungen erstreckten sich über viele Wochen, möglicherweise bis in den Mai 1942.[147] Im Bereichskommando XI unter ihrem Führer Hartung sollen mehr als 250 Selbstschutzleute an diesen Aktionen beteiligt gewesen sein.[148] Genaue Angaben über die Anzahl der getöteten Juden im Berezovka-Gebiet lassen sich laut Angrick [15a] nicht mehr ermitteln, belegt ist zumindest ein Schreiben des deutschen Auswärtigen Amtes vom 14.5.1942, auf dem sich eine handschriftliche Notiz befindet: „Nach Transnistrien wurden die 28.000 Juden in deutsche Dörfer gebracht! Inzwischen wurden sie liquidiert".[149]

Angrick [15a] schreibt über die Morde bei Berezovka: „Die Schüsse hörte man bis in das nahe gelegene Lichtenfeld, und jedem Einwohner der Ortschaft musste klar gewesen sein, dass sich nur einige Kilometer weiter Schreckliches abspielte. Viele Volksdeutsche, die nicht zum Selbstschutz gehörten, waren auch direkt Zeugen. Sie schauten sich die Exekutionen aus Neugier an, stellten aber auch Pferdefuhrwerke für den Transport zur eigentlichen Vernichtungsstätte zur Verfügung, während immer neue aus Odessa kommende Deportationszüge die Bahnstation Berezovca erreichten."[150]

---

[146] Fleischhauer [12], S. 140
[147] Fleischhauer [12], S. 141; Angrick [15a], S. 92
[148] Steinhart [16], p. 340
[149] siehe z.B. auch bei Buchsweiler [14], S. 375
[150] Angrick [15a], S. 86 - 90

Ingeborg Fleischhauer berichtet in [12] von weiteren Verbrechen, die sich ab Sommer 1942 bis Anfang 1944 im Zuge der Überführung von rumänischen Juden in die Lager im östlichen Transnistrien ereignet hatten: Transportzüge, die auf freier Strecke anhielten und deren verschleppte Fahrgäste gemeinsam von SS und volksdeutschem Selbstschutz getötet wurden.[151]

Was die Volksdeutschen im Selbstschutz zu diesen Taten angetrieben haben mag, insbesondere im Falle von Bogdanovka bereits vier Monate nach der Besetzung, ist eine Frage, die erst in der modernen Geschichtsforschung zum Gegenstand wurde. Andrej Angrick bezeichnet in [15a] die Selbstschutzleute als Ausnahme von der Regel, laut der die Täter üblicherweise ihr blutiges Handwerk erst „an den Exekutionsgruben erlernen" mussten, und ergänzt: „allein deshalb verdient diese Tätergruppe neben der Aufmerksamkeit der Historiker auch die der Psychologen und Soziologen, die sich mit dem Phänomen extremer Gewalt auseinandersetzen."[152]

Erik Steinhart wirft in seiner Dissertation [16] von 2010 die Frage auf, wie es sein konnte, dass die Volksdeutschen, die über einen so langen Zeitraum konfliktfrei mit vielen ethnischen Gruppierungen zusammengelebt hatten, zu Tätern an den Juden wurden.

Er führt eine Reihe von Gründen auf: erstens sozialpsychologische, die aus den Erfahrungen mit 20 Jahren Bolschewismus resultierten und erklären könnten, warum auch unmenschliche Befehle befolgt wurden, zweitens gelenkt-antisemitische als Folge der NS-Propaganda („der Judeo-Bolschewist" als vereinigtes Feindbild von Bolschewismus und Judentum) und drittens auch noch materielle Motive. Bei den materiellen Gründen unterscheidet er zwischen dem profanen Diebstahl einerseits durch die Erbeutung von Kleidung und persönlichen Gegenständen und einer übergeordneten Motivation andererseits. Seiner Ansicht nach war nämlich die Teilnahme an den Tötungen ein Weg, um den ethnischen Status der ein-

---

[151] Fleischhauer [12], S. 142, 143
[152] Angrick [15a], S. 81, 82

zelnen Selbstschutzmitglieder und ganzer Einheiten zu klären. Die Mitgliedschaft in der Nazi-Deutschen Rassegemeinschaft schien materielle Privilegien zu gewähren, ein Abseitsstehen bei den Tötungen würde vielleicht in den Augen der örtlichen deutschen Führer Zweifel an der ethnischen Zugehörigkeit der Volksdeutschen aufkommen lassen.[153]

Für mich als Nachkomme eines Schwarzmeerdeutschen ergeben sich aus den geschilderten Zusammenhängen eine Reihe von Fragen. Natürlich möchte ich wissen, ob auch Mitglieder meiner Familie Täter gewesen sind. Ich hoffe es nicht. Mein Vater war zum Glück nicht alt genug, um zum Selbstschutz einberufen zu werden. Als der Spuk Transnistrien im Frühjahr 1944 endete, war er gerade 17 und die dokumentierten umfangreichen Massenmorde lagen da bereits zwei Jahre zurück. Ob seine Brüder – damals bereits Familienväter – zum Selbstschutz eingezogen wurden, entzieht sich meiner Kenntnis. Wenn sie im Selbstschutz waren, gehörten sie hoffentlich nicht zu der Minderheit, die an verbrecherischen Übergriffen beteiligt war. Zudem lag Neu-Freudental außerhalb der von solchen Maßnahmen hauptbetroffenen Bereichskommandos Worms, Rastatt oder Lichtenfeld.

Aber es gibt noch etwas anderes, das im Lichte heutiger Erkenntnisse für die Nachgeborenen Fragen aufwirft. Warum wurde die dunkle Seite der deutschen Besetzung von den Betroffenen selber, dazu gehörte auch mein Vater, später - in der Nachkriegszeit - kaum thematisiert, sondern vielmehr verharmlost oder schlicht ausgeblendet? Man muss sich klar machen, dass die Deutschen in Transnistrien trotz oder vielleicht wegen der rumänischen Zivilverwaltung eigentlich in einem SS-Staat gelebt hatten - bestimmt von der Wertewelt eines Heinrich Himmlers.

Ich denke, es wird sich um eine Mischung aus Verdrängen und Verschweigen gehandelt haben. Tatsächlich war es den durch den Sowjet-Bolschewismus traumatisierten Schwarzmeerdeutschen während der deutschen Besatzung sehr viel besser gegangen als in den Zeiten davor oder danach, und so ist es gut möglich, dass die Schattenseiten dieser

---

[153] Steinhart [16], p. 433 - 437

knapp drei Jahre einfach beiseite geschoben wurden und man nur eine schöngefärbte Erinnerung am Leben erhielt. Umgekehrt wird es kaum möglich gewesen sein, später den Nazi-Ungeist anzuprangern, wenn man selber eine wie auch immer geartete Mitschuld auf sich geladen hatte. Vielleicht ging es auch darum, Täter im Verwandten- oder Bekanntenkreis zu schützen oder einfach die ganze im 20. Jahrhundert so gebeutelte Volksgruppe vor Anfeindungen zu bewahren. So blieb dann wohl nur ein kollektives Schweigen.

Umsiedlung, Flucht und Verschleppung

Mit dem Heranrücken der Roten Armee begann sich die gerade etablierte nationalsozialistische Ordnung in den besetzten sowjetischen Gebieten wieder aufzulösen.

Ab Ende 1943 waren parallel zum Rückzug der deutschen Besetzer auch die Russlanddeutschen gezwungen, ihre vertraute Heimat zu verlassen.[154] Sie wurden zunächst in Richtung Polen verbracht, wo man bereits seit 1941 daran gegangen war, Volksdeutsche im sogenannten „Warthegau" anzusiedeln. Dabei handelte es sich um erobertes polnisches Territorium, das genauer als „Reichsgau Wartheland" bezeichnet wurde und etwa je zur Hälfte östlich und westlich der Grenze des Deutschen Reiches vor 1918 lag. Auf der östlichen Seite schloss dieser Gau noch die Großstadt Lodz ein (zur NS-Zeit „Litzmannstadt").[155]

In mehreren Zügen wurden die Russlanddeutschen ins Wartheland gebracht. Die letzte und größte Umsiedlungsaktion betraf dabei die rund 130.000 Deutschen aus Transnistrien. Dass man hier länger wartete, lag nach Pinkus, Fleischhauer [9] wohl daran, dass zum einen deutscher Beharrungswille demonstriert, zum anderen möglichst noch die Ernte des Jahres

---

[154] Fleischhauer [12], S. 208
[155] Seite „Wartheland". In: Wikipedia, Die freie Enzyklopädie. Bearbeitungsstand: 1. Juni 2017, 20:41 UTC.
URL: https://de.wikipedia.org/w/index.php?title=Wartheland&oldid=166011544 (Abgerufen: 23. August 2017, 14:05 UTC)

1944 eingefahren werden sollte.[156] Dazu kam es nicht mehr, denn spätestens am 13. März 1944 hatten die russischen Truppen den Bug überquert und damit Transnistrien erreicht.

Die Evakuierung der Deutschen setzte unmittelbar danach ein. Der Auszug vollzog sich in zwei Teiltrecks, dem Nordtreck über Ungarn und dem Südtreck über Bulgarien. Ingrid Fleischhauer [12] schreibt dazu: „Diese Trecks hatten mit noch größeren Schwierigkeiten zu kämpfen als die aus der Ukraine. Schlimmste Wetter- und Wegverhältnisse, das Überqueren von Flüssen und Gebirgsketten, worauf die im Flachlandgebiet des Schwarzmeerbeckens lebenden Deutschen keinesfalls vorbereitet waren, verstärkter Feindbeschuss und Bombenangriffe sowie zahlreiche andere Hindernisse ließen den Transport für viele Menschen zum Todesmarsch werden. In zehn bis zwölf Wochen Marsch (die gesunden Erwachsenen und Kinder mussten ihre Wagen zum großen Teil zu Fuß begleiten, um das Zugvieh nicht zu stark zu belasten) wurden über 2000 km zurückgelegt. Am 17.7.1944 meldete der Höhere SS- und Polizeiführer des Reichsgaus Wartheland, Dr. Heinz Reinefarth, dem Reichsführer SS, dass der letzte Treck der Russlanddeutschen abgeschlossen sei."[157]

Unter diesen Zwangs-Umsiedlern befand sich auch die Familie Schatz aus Neu-Freudental. Das heißt meine Großmutter, die damals 60jährige Katharina sowie ihre Kinder und deren Angehörige. Ich weiß nicht, ob insbesondere die Männer dabei gewesen sind, weil sie vielleicht bereits zur Wehrmacht oder zur Waffen-SS eingezogen waren. Allerdings finden sich in der Literatur genügend Aussagen, dass die eigentliche Rekrutierung der einsatzfähigen Männer erst im Warthegau begonnen hätte, siehe zum Beispiel bei Fleischhauer[158] oder Bosch/Lingor[159]. Mein Vater hat aber meiner Erinnerung nach nie von eigenen Erlebnissen während dieses Trecks berichtet. - Zu schade, dass ich nicht schon zu seinen Lebzeiten an diesem Thema gearbeitet habe...

---

[156] Pinkus, Fleischhauer [9], S. 282, 284
[157] Fleischhauer[12], S. 223, 224
[158] ebd., S. 229, 230
[159] Bosch/Lingor [7], S. 206, 207

Was geschah jetzt mit den Deutschen aus Transnistrien und speziell unserer Familie im Wartheland, wo man wahrscheinlich im Mai 1944 eingetroffen war?

Für die meisten begann ein Aufenthalt in Sammel- und Arbeitslagern. Nach einer gewissen Wartezeit folgte dann die sogenannte „Durchschleusung" und Einbürgerung der Umsiedler aus der UdSSR durch EWZ-Kommandos (EWZ = Einwanderer-Zentrale).[160] Die wegen des großen Zustroms entsprechend hastig erstellten Unterlagen, die sog. EWZ-Akten, stellen heute – sofern erhalten - eine wichtige Quelle für Familienforscher dar. Über GRHS gelangte auch ich so in den Besitz der EWZ-Akte unserer Familie in Generation 9, siehe Anhang. Offenbar war deren Durchschleusung erst am 23. September 1944 abgeschlossen.

Man muss allerdings feststellen, dass die in den EWZ-Akten eingetragenen Geburtsdaten häufig nicht ganz zusammenpassen. Bei Großvater Heinrich etwa finden sich je nach Akte (ich habe auch noch die Akten anderer Familienmitglieder eingesehen) mehrere unterschiedliche Geburtsdaten, bei meiner Tante Martha trifft keiner der in EWZ-Akten festgehaltenen Geburtstage zu. Diese Merkwürdigkeiten sind wahrscheinlich zurückzuführen auf die damaligen Umstände mit einem 1944 immensen Menschenandrang, überforderten Bearbeitern, unzureichenden Unterlagen und fehlerhaften persönlichen Angaben, die nicht näher überprüft werden konnten.

Um ein wenig mehr über die Situation der Transnistriendeutschen im Warthegau zu erfahren, sei im Folgenden kurz referiert, was Ingeborg Fleischhauer in [12] zusammengetragen hat:
Die bereits erwähnten Lager waren „mit Stacheldrahtverhauen umgebene, vollkommen abgeschlossenen Einrichtungen", die der SS-Gerichtsbarkeit unterstanden und von SS-Lagermannschaften beaufsichtigt wurden.[161]

„Das Gros der Lagerinsaßen, die „Umsiedlerfrauen" eingeschlossen, leistete täglich im Lagerbezirk einen zehnstündigen Arbeitseinsatz." Einer

---

[160] Fleischhauer [12], S. 224
[161] Fleischhauer [12], S. 227

eventuellen Arbeitsverweigerung standen drakonische „Erziehungsmaßnahmen" entgegen.[162] Tatsächlich wurde wohl der Löwenanteil der umgesiedelten Männer erst im Warthegau zum Militärdienst verpflichtet - ab September 1944 sogar noch vor einer formalen Einbürgerung. Laut Feischhauer [12] begann zu der Zeit auch erst die massive Rekrutierung der Umsiedler zur Waffen-SS.[163]

Im Wartheland waren die polnischen Höfe zwangsgeräumt worden und sollten der Ansiedelung von Volksdeutschen dienen. Doch im Jahr 1944 mit dem massiven Zustrom der geflüchteten Hunderttausende von Menschen aus Russland war dies nicht umsetzbar. Daher blieb insbesondere den zuletzt gekommenen Deutschen aus Transnistrien nur der Einsatz als einfache Arbeiter in landwirtschaftlichen oder industriellen Betrieben, oft Seite an Seite mit den enteigneten Polen. Zu denen war allerdings jeglicher menschliche Kontakt bei strengster Strafe untersagt.[164]

Am 12. Januar 1945 begann die entscheidende russische Großoffensive, die allen weiteren Entwicklungen im Wartheland schlagartig ein Ende setzte.[165] Zwar gab es wohl Evakuierungspläne, doch die erwiesen sich laut Fleischhauer [12] angesichts der sowjetischen Blitzoffensive als völlig ungenügend. Immerhin konnten sich Mitte/Ende Januar 1945 doch zahlreiche rasch zusammengestellte Trecks in Richtung Westen auf den Weg machen.[166] Unter ihnen auch meine Familie, insbesondere Oma Katharina und ihre beiden Töchter Martha und Barbara.

Man kam auf dieser Flucht bis Wittstock an der Dosse, einem Ort in Brandenburg, rund 100 km nordwestlich von Berlin, weniger als 200 km Luftlinie von Hamburg entfernt. Hier wurden die Flüchtenden von der Roten Armee eingeholt.

Es erging ihnen dann wie sehr vielen anderen. Als ehemalige russische Staatsbürger wurden sie gemäß den Bestimmungen des Abkommens von

---

[162] Fleischhauer [12], S. 229
[163] ebd., S. 229, 230
[164] ebd., S. 232
[165] ebd., S. 238
[166] Bosch, Lingor [7], S. 208 - 211

111

Jalta in die Sowjetunion „repatriiert". Bei Fleischhauer [12] heißt es dazu: „Die Massenrepatriierung sowjetischer Bürger fiel in die Zeit vom 20. Mai bis 30. September 1945. In diesen vier Monaten wurden allein aus den drei westlichen Besatzungszonen 2.034.000 betroffene Personen mit oder gegen ihren Willen, teils unter Anwendung von Gewalt (einschließlich massiver Waffengewalt) in die UdSSR zurückbefördert."[167] Die Transporte in den weitentlegenen Osten liefen unter unsäglichen Bedingungen ab, mit Verlustquoten, die zwischen 15 bis 30% gelegen haben sollen. In Sibirien und Mittelasien erwartete die Verschleppten „die Einlieferung in die Sondersiedlungen für sowjetische Deutsche, wiederum stacheldrahtumzäunte Arbeitslager, die einem besonders scharfen Kontroll- und Überwachungssystem des NKWD unterstanden."[167]

Meine Großmutter Katharina und ihre beiden Töchter Martha und Barbara wurden nach einem Lageraufenthalt in Frankfurt/Oder im Juni 1945 in Richtung Sibirien transportiert, wo sie dann ab September in einem Gefangenenlager in der westsibirischen Stadt Jurga untergebracht wurden. Bis 1950 mussten die Frauen in einer Maschinenfabrik arbeiten, danach wurden die Töchter an die Bauindustrie überstellt, wo sie Maler- und Putzarbeiten verrichteten. Martha heiratete 1960 den in der UdSSR verbliebenen ehemaligen deutschen Kriegsgefangenen Emil Lowigus. Am 12. November des gleichen Jahres kam ihre Tochter, meine Cousine, Anna Anka zur Welt, die später, im Dezember 1966, zusammen mit ihrer Mutter nach Deutschland gelangte. 1968 starb meine Großmutter 83jährig in Jurga. Die verbliebene Schwester Barbara war 1964, am 3. September, Mutter eines Sohnes geworden, Waldemar, und konnte mit ihm erst im April 1974 ihrer älteren Schwester nach Deutschland folgen.

Ähnlich erging es den beiden Halbschwestern meines Vaters, nämlich Katharina Philippi (1908-1976) und Anna (1915-1996), die nach ihrer Eheschließung mit Johannes Hetterle (1915-1987) den Nachnamen ihres Mannes trug. Auch diese beiden Frauen wurden mit ihren Familien in den weiten Osten verschleppt, Katharina nach Usbekistan, Anna nach Sibirien. Anna, die bis zu ihrer Ausreise mit der Familie ebenfalls in Jurga gelebt

---

[167] Fleischhauer [1], S. 242

hatte, gelangte 1991 noch nach Deutschland, begleitet von ihren Kindern Adam (*21.8.1938) und Barbara (*23.12.1943) sowie deren Familien.

Über den Verbleib der beiden Halbbrüder konnte ich wenig in Erfahrung bringen. Wieder einmal wird mir schmerzlich bewusst, dass ich früher hätte nachfragen sollen, als die Zeitzeugen noch am Leben waren...

Gottfried (*1913) ist offenbar im Krieg verschollen. Er war verheiratet mit Anette Seidel (*1914) und hatte mit ihr drei Kinder: Gottfried (*28.2.1937), Karl (24.8.1939) und Heinrich (*16.11.1941).[168] Über den Verbleib dieser Familie habe ich nur erfahren können, dass sie auch nach Sibirien, aber nicht nach Jurga, verbracht wurden und dass 1991 zumindest der älteste Sohn Gottfried mit seiner Familie nach Deutschland gekommen ist.

Heinrich (*1917) lebte nach dem Krieg zunächst bei seiner Frau Anna, geb. Burkhardt (*1914) und den Kindern Martha (*11.8.1937), Martin (*10.6.1939) und Irma (*11.7.1944) ebenfalls im sibirischen Jurga, bevor man Ende der 1950er Jahre weiter nach Osakarowka in Kasachstan zog.[169] Später trennte sich das Ehepaar, Heinrich heiratete erneut und wurde noch einmal Vater eines Sohnes, Eduard. Heinrich starb wohl Ende der 1980er Jahre, wie ich von meiner Cousine Barbara erfahren habe. Seine Kinder aus erster Ehe sind alle mit ihren Familien als Spätaussiedler in den 1990er Jahre nach Deutschland gekommen.

---

[168] http://grhs.org/genealogy/getperson.php?personID=116608&tree=152&tngprint=1 (abgerufen am 29.08.2017)
[169] Die genauen Geburtsdaten stammen aus den mir vorliegenden EWZ-Akten

Familien-Generation 10

Wie fast alle Jugendlichen seiner Generation stand mein Vater Adolf Schatz bereits mit 17 Jahren unter Waffen. Als Soldat der Wehrmacht war er in Oberitalien eingesetzt und geriet nach seinen Angaben recht bald in amerikanische Gefangenschaft. Wie es ihm dann geschah, dass er an die Engländer überstellt wurde und als britischer Kriegsgefangener in Nordafrika landete, genauer gesagt in Libyen, in der Stadt Bengasi, lässt sich heute für mich nicht mehr im einzelnen rekapitulieren.

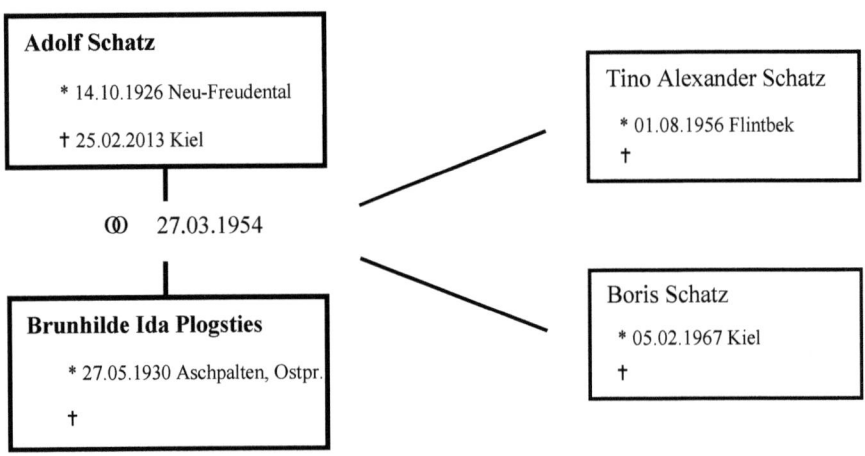

Bild 16: Familien-Generation 10

Er wurde jedenfalls laut Papieren am 2.1.1949, mit 22 Jahren, aus der Gefangenschaft entlassen und kam dann (vielleicht mit einem Kameraden) im Winter Januar, Februar 1949 nach Rotenburg ob der Tauber. Bereits im März 1949 ist er aber nach Bengasi zurückgekehrt und hat dort als ziviler Lagerist bei der britischen Militärverwaltung gearbeitet. Rätselhafterweise gibt es ein Arbeitszeugnis, das den Beginn dieser Tätigkeit bereits auf den 1. August 1948 festschreibt. Wie auch immer - er blieb dort bis Dezember 1953 beschäftigt.

Zwischen März 1949 und Dezember 1951 muss sich dann diese kleine Anekdote zugetragen haben, die letztlich zur Eheschließung bei Generation 10 geführt hat. Mein Vater hatte als Patient (möglicherweise nach einem Motorradunfall) in einem Militärlazarett in Bengasi gelegen. Einer seiner Mitpatienten hatte ein Inserat in einer deutschen Zeitung aufgegeben, in der er die Bekanntschaft mit einer jungen Frau aus der Heimat suchte. Zu seiner Überraschung wurde er mit einer Fülle von Briefen bedacht. Da es ihm aber nur um eine Frau gegangen war, wurden die Briefe unter den anderen Patienten verteilt und so kam mein Vater an die Zuschrift einer gewissen Brunhilde Plogsties aus Ostpreußen, die aber seit März 1945 als Flüchtling in Flintbek nahe der norddeutschen Großstadt Kiel lebte. Es entwickelte sich ein reger Briefaustausch und nach einem einmaligen Besuch meines Vaters zum Jahreswechsel 1951/52 verlobte man sich und - mein Vater hatte tatsächlich schon vor dem ersten Besuch, noch in Libyen, in einem ärztlichen Dokument Kiel als seinen Heimatort angegeben – heiratete man im März 1954, höchstens drei Monate nach seiner zweiten, aber endgültigen Ankunft in Flintbek bei Kiel.

Vielleicht wollten da zwei Menschen endlich Ruhe finden in dieser aus den Fugen geratenen Welt.

Für meinen Vater traf das wohl zu. Im gleichen Jahr 1954, also mit 28 Jahren, fand er, der nie näheren Kontakt mit der Seefahrt gehabt hatte, eine Anstellung bei der Schiffsmaklerei Sartori & Berger in Kiel und blieb dort ohne irgendwelche Karriereambitionen, aber allgemein anerkannt und beliebt, bis zu seinem endgültigen Ruhestand 1992. Und was mir immer auch Vorbild war: er blieb mit seinem Beruf rundum zufrieden.

Meine Mutter wurde das, was früher gängige Praxis war, sie war Hausfrau und Mutter, begann dann aber, ab Ende 1962 zuerst tageweise, später halbtags bis zum Renteneintritt 1990 bei der deutschen Bundespost zu arbeiten.

Eine noch größere Konstanz zeigte sich bei der Wohnungswahl meiner Eltern. Sie waren 1958 von Flintbek nach Kiel in eine Zweizimmerwohnung gezogen, die sich mitten in der Stadt in einem der neugebauten ziegelroten Mehrfamilienhäuser befand. Erst 1977 zog man um, von der zweiten Etage in das Erdgeschoss, weil der neue Besitzer die oberste Etage für sich beanspruchte und unten eine Dreizimmerwohnung freigeworden war. Als mein Vater 2013 im Alter von 86 Jahren gestorben war, wurde er im Sarg aus ebendiesem Haus getragen. Im gleichen Jahr endete mit der Verlegung meiner Mutter in ein Pflegeheim nach 55 Jahren endgültig der Aufenthalt in der Wörthstraße 17. Diese Wohnung war auch mir und meinem Bruder Heimat und Bezugspunkt gewesen.

Ich bin am 1. August 1956 zur Welt gekommen, war wie mein Bruder Boris (*5. 2.1967) ausreichend gut in der Schule, um Abitur zu machen und später zu studieren. Ich wurde 1984 Diplom-Bauingenieur, mein Bruder schaffte sogar zwei Abschlüsse als Diplom-Politologe und als Jurist.

Doch über mich und meinen Bruder Boris mögen später andere Familienchronisten schreiben. Wir sind schließlich auch bereits eine andere Generation, die elfte, und unsere Kinder stehen bereits für die zwölfte Generation.

Und somit sind wir an dieser Stelle gemäß dem Untertitel „Stationen meiner Familie über zehn Generationen" tatsächlich am vorläufigen Ende unserer Betrachtungen angelangt.

Nachwort

Das vorliegende Büchlein ist nicht mehr, aber auch nicht weniger als eine erste Zusammenstellung der Geschichte meines Zweiges der Familie Schatz, so wie sie sich aus der Betrachtung der männlichen Nachkommenschaft entwickelt hat. Alles andere wäre mir auch zu aufwändig gewesen, siehe Abschnitt „Ahnenforschung und Potenzrechnung"...

Es ist mein Stand der Forschung, jetzt in der zweiten Hälfte 2017.

Dieser Status ist nicht festgemauert. Nein, er ist vielmehr ausbaufähig und möge als Grundlage dienen, wenn man in die Familiengeschichte eintauchen möchte.

Ich selber habe alle Fakten nach bestem Wissen und Gewissen zusammengetragen. Aber ich war früher nicht dabei. Meine Ergebnisse sind so aussagesicher wie die Quellen, die ich herangezogen habe. Ich denke aber, dass neue Informationen, die zum Beispiel aus weiterem Archivmaterial stammen könnten, das präsentierte Bild nicht komplett umstürzen werden. Insofern haben wir jetzt tatsächlich eine recht belastbare Arbeitsgrundlage für den Blick auf unsere Familiengeschichte.

Ich bedanke mich sehr bei meinem Bruder Boris für den intensiven Austausch in der Recherche-Phase dieses Buches, für seinen motivierenden Zuspruch, seine akribische Durchsicht des fertigen Manuskriptes und die sich daran anschließenden fruchtbaren Diskussionen.

Ein Dank geht auch an meine Cousinen Anna und Barbara, die mir kurz vor Redaktionsschluss noch einige wertvolle Hinweise über die ehemals in den Weiten der Sowjetunion Versprengten unserer Familie geben konnte.

Trier, im September 2017

Tino Schatz

Literatur

[1] Ortssippenbuch Leidringen und Rotenzimmern, Verfasser: Dr. Martin Sturm. Deutsche Ortssippenbücher, Reihe A – Band 338, herausgegeben von der Zentralstelle für Personen- und Familiengeschichte Frankfurt am Main. Zugleich Band 64 der Württembergischen Ortssippenbücher, Herausgegeben vom Verein für Familien- und Wappenkunde in Württemberg und Baden e.V., Stuttgart, 2003.

[2] Hans Peter Müller: Rotenzimmerner Geschichte vom Mittelalter bis zum Zweiten Weltkrieg 1945. in: Rotenzimmern 900 Jahre – Gemeinde-Jubiläum, Geiger-Verlag, Horb, 1994.

[3] Karl Stumpp: Ostwanderung. Akten über die Auswanderung der Württemberger nach Russland 1816-1822. Verlag S. Hirzel, Leipzig, 1941.

[4] Neu Freudental, Liebental District Odessa, 1858 Census. A joint project of GRHS & AHSGR as coordinated by the GRHS Clearing House. Mit einem Vor- und Nachwort von Dale Lee Wahl, 29.9.1999.

[5] St. Petersburg Lutheran Evangelical archives. Published by the Odessa Digital Library - 13 Oct 1996 http://www.odessa3.org. Copyright 1996, Ralph E. Wiseman.

[6] Karl Stumpp: Die Auswanderung der Deutschen nach Russland in den Jahren 1763 bis 1862. Landsmannschaft d. Deutschen aus Russland, Stuttgart, 1985.

[7] Anton Bosch, Josef Lingor: Entstehung, Entwicklung und Auflösung der deutschen Kolonien am Schwarzen Meer, am Beispiel von Kandel von 1808 bis 1944. Landsmannschaft der Deutschen aus Rußland, Stuttgart, 1990.

[8] Konrad Keller: Die deutschen Kolonien in Südrußland. Verlag von Stadelmeier, Odessa, 1905. Neuausgabe Nürnberg, 2005.

[9] Benjamin Pinkus/Ingeborg Fleischhauer: Die Deutschen in der Sowjetunion. Geschichte einer nationalen Minderheit im 20.Jh.. Bearbeitet und herausgegeben von Karl-Heinz Ruffmann. Nomos Verlagsgesellschaft, Baden-Baden, 1987.

[10] A. M*(ergenthale)*r: Unsere Landsleute unter dem Sowjetregime und in der sowjetischen Verbannung. Heimatbuch 1957, herausgegeben von der Landmannschaft der Deutschen aus Russland.

[11] Alfred Eisfeld: Die Russlanddeutschen, 2. Auflage. Studienbuchreihe der Stiftung Ostdeutscher Kulturrat, Band 2, Langen Müller, München, 1999.

[12] Ingeborg Fleischhauer: Das Dritte Reich und die Deutschen in der Sowjetunion. Deutsche Verlagsanstalt, Stuttgart, 1983. (Schriftenreihe der Vierteljahrshefte der Zeitgeschichte; Nr. 46)

[13] Otto Corbach: Moskau als Erzieher, Erlebnisse und Einsichten aus Sowjet-Rußland, in: Entschiedene Schulreform Heft 17, Ernst Oldenburg Verlag, Leipzig, 1924.

[14] Meir Buchsweiler: Volksdeutsche in der Ukraine am Vorabend und Beginn des zweiten Weltkriegs – ein Fall doppelter Loyalität? Bleicher-Verlag, Gerlingen, 1984.

[15] Holocaust an der Peripherie. Judenpolitik und Judenmord in Rumänien und Transnistrien 1940-1944. Herausgeber: Wolfgang Benz, Brigitte Mihok. Metropol-Verlag, Berlin, 2009.

[15a] Andrej Angrick: Zur Bedeutung des „Sonderkommandos R" und des „Volksdeutschen Selbstschutzes" bei der Ermordung der Juden in Transnistrien. In [15], S. 81 – 94.

[15b] Wolfgang Benz: Rumänien und der Holocaust. In [15], S. 11 – 30.

[15c] Brigitte Mihok: Orte der Verfolgung und Deportation. In [15], S. 71 - 79

[15d] Frank Görlich: Volkstumspropaganda und Antisemitismus in der Wochenzeitung „Der Deutsche in Transnistrien" 1942 – 1944. In [15], S. 95 – 112.

[16] Eric Conrad Steinhart: Creating Killers: The Nazification of the Black Sea Germans and the Holocaust in Southern Ukraine, 1941-1944. Dissertation University of North Carolina, Chapel Hill, 2010.

Anhang

Königreich
Württemberg

Departement des Innern.
Section der innern Administration.

Unter der Voraussetzung, daß die in der Verfügung vom 14. Febr. dieses Jahrs, Amts- und Regierungs-Blatt Nro. 11. vorgeschriebenen gesetzmäßigen Belehrung ohne Erfolg geblieben seyn sollte, will man dem Martin Schaz von Pothingimern nicht schreib und 9 Sachen wenn er sich nochmals vor Amt anzuweisen haben wird, von der E. Eidgschen Gesandtschafft einen Reisepaß zu erhalten und an bereitwilten Andmanden in Rücksicht auf die Reisekosten Unterstützt zu werden — die nachgesuchte Erlaubniß, von Einfluß der gesetzlichen Jahrenfrist nach Rußland — anzuwenden zu dürfen, gegen die von dem Bürger Michael Schaz von Pothingimern auf ein Jahr für ihn zu leistende Bürgschaft für seine etwaigen einländischen Verbindlichkeiten und nach Genehmigung seines Schuldenwesens, ertheilt haben, welches dem Königl. Oberamt zur Besorgung des Weitern mit dem Anfügen bekannt gemacht wird, daß der Supplikant auf sein diesseitiges Unterthanen- und Bürgerrecht förmlich Verzicht zu leisten, von seinem repatriirenden Vermögen aber

Zehen pro Cent Nachsteuern
zu entrichten habe.

Oberamt Sulz.   5659ᵃ

Unterzeichnet erteilt in Gemäßheit allerhöchster Resolution vom 11. Jul. 1803 den mit hinwegziehenden minderjährigen Kindern bis zu ihrer Volljährigkeit das dießseitige Unterthanen- und Bürgerrecht vorbehalten, und ist das ihnen bereits zugefallene oder noch zufallende Vermögen in dießseitiger pflegschaftlicher Administration zu geben, den Eltern aber bloß die Nutznießung davon in das Ausland zu verabfolgen.

Stuttgart, den 2ten May 1817.

Schlar.

Ausreisegenehmigung für Martin Schaz und Familie vom 2. Mai 1817

Seiner Hochwohlgeboren Dem Herrn ältesten Mitgliede des Comptoirs der Odessaischen Ansiedlungen, Obricht Leutenant und Ritter von Güldenschanz

Von der neu angelegten Colonie Neu Freudental Gehorsamste Bitte

Dadem unsere neue Colonie biß jetzt noch keinen bestimmten Nahmen führt, sondern derselben bald der Nahmen Kleinfreudenthal bald Neufreudenthal beygelegt wird, so nehmen wir uns die Freyheit Einer Hochwohlgebohren unsern gemeinschaftlichen Wunsch vorzulegen, nemlich unserer Colonie den Nahmen Neu Freudenthal beyzulegen und bestättigen zu wollen, nun welches wir gemeinschaftlich bitten und uns hierauf persönlich eigenhändig unterschreiben.

Colonie Neu Freudenthal, den 28 ten Februar 1829

Christian Weber	Christian Bentz
Georg Wiedmayer	Johannes Braun
Jakob Koschel	Jacob Gaier
Jakob Böck	Jacob Engelmann
Peter Schneckenberger	Jacob Schell
Johannes Will	Michael Rinschler
Reinhart Gaier	Jacob Kimerle?
Adam Redinger	Georg Leonhart
Adam Eßlinger	Jacob Keßer
Friedrich Wacker	Christian Wacker
Johannes Hirning	Christian Deibert
Salomon Burkhardt	Johannes Redlinger
Konrath Olheisler	Peter Schock
Michael Rogler	Johannes Mehl
Wilhelm Schell	Leonhard Kern

Die eigenhändige Unterschriften vorstehender Neu Freudental Colonisten bescheinigt hiermit das Schulzenamt - am 11ten April 1829

Schulz Pfaff
Bürgermeister Weber
Philippi

In Gegenwarth des Gebietsamtes ist obige Bittschrift abgefaßt und von der Gemeinde nebst dem Schulzen Amt unterschrieben worden, welches mit Unterschrift und Beydrückung des Krons Siegels bestättiget

Colonie Neufreudenthal am 11ten April 1829
Gebietsvorsteher Stoz
Gebietschreiber Reich

Abschrift eines Briefes der Gründer-Kolonisten von Neu -Freudental

(Aufbereitung gemäß
http://www.grhs.org/chapters/gdo/villages/neufreudental_odessa.htm)

Personalblatt

EWZ Nr.: UdSSR 974 712	Umsiedl.-Nr.: 1 232 814	Vermerke:

Name: SCHATZ	geborene: Stoppe	Vorname: Katharina

Geburts- Tag / Monat / Jahr	Ort: Lichtenfeld	Kreis (Rayon): Beresowka (4)	Glaubens-Bekenntnis:
29. 7. 84	Gemeinde:	Staat (Gebiet): Odessa II(13)	bapt

Fam.-Stand: verh.	Ehe geschlossen (am): 1.31.18.1927 in: Worms Neu-Freudental	Beruf: Hausfrau

Herkunftsland: UdSSR	Letzter Heimatort: Neu-Freudental Gemeinde:	Kreis (Rayon): Beresowka (4) Staat (Gebiet): Odessa II(13)

Staatsangehörigkeit (bisherige): UdSSR	nachgewiesen durch: lt. Angaben

Abstammung: deutsch   Deutschstämmigkeit in Prozenten: 100

Vater: Adolf Stoppe	geb. am: ?	Mutter; Vorname: Margarete geb. Schmidt	geb. am: 1850
geb. in: Rohrbach	Gl.-Bek.: ev.l	Lebt-gest.-in: Lichtenfeld	geb. in: Rohrbach	Gl.-Bek.: ev.l	Lebt-gest.-in: Neu-Freudental

Abst. deutsch 100 %   Abst. deutsch 100 %

Großvater: ? Stoppe	Großmutter: ?	Großvater: Friedrich Schmidt	Großmutter: ?

Abst. deutsch 100   Abst. deutsch 100   Abst. deutsch 100   Abst. deutsch 100

Ehemann: EWZ-Nr.: Vorname: Heinrich geb. am: 14.9.1987	geborene: in: Neu-Freudental Gemeinde:	verw.-gesch.: Kreis Odessa Staat: UdSSR	gest.: 1937 in: verschlept Gl.-Bek. bapt

Abstammung: deutsch   Deutschstämmigkeit in Prozenten: 100

Vater: Jakob Schatz	geb. am: 1862	Mutter; Vorname: Barbara geb. Riedlinger	geb. am: 1864
geb. in: Neu-Freudental	Gl.-Bek.: bapt	Lebt-gest.-in: Neu-Freudental	geb. in: Neu-Freudental	Gl.-Bek.: bapt	Lebt-gest.-in: Neu-Freudental

Abst. deutsch 100 %   Abst. deutsch 100 %

Großvater: Leonhardt Schatz	Großmutter: Dorothea geb. Bens	Großvater: ? Riedlinger	Großmutter:

Abst. deutsch 100   Abst. deutsch 100   Abst. deutsch 100   Abst. deutsch 100

Familienabstammung: Deutsch 100 %

Kinder Vor- u. Zuname	Geburts- Tag Mon. Jahr	Ort: (Kreis)	Deutsche Auskunft bei fehlenden Familienmitgliedern	[rechts]
Martha Schätz	25. 7.23	Neu-Freudental	1 232 815	974 713
Barbara "	3. 5.25	" "	1 232 816	974 714
Adolf "	14. 10.26	" "	1 232 817	974 715

Ehemann seit 1937 verschleppt.

Erfassung 1944.
Vermögensausgleich bleibt vorbehalten.

Folgende Urkunden lagen vor
(Paß, sonstige Staatsangehörigkeitsausweise, Heimatschein, pol. Führungszeugnisse usw. Familienurkunden — Geburtsschein, Heirats- und Sterbeurkunden usw.)

3 N-Ausweise liegen bei.

Heinz
(Volkstumssachverständiger)

Personalbeschreibung.

	Ehemann	Ehefrau	Vorname	Kinder über 14 Jahren Vorname	Vorname	Vorname
	---	Katharina	Barbara	Adolf		
Größe:						
Gestalt						
Haarfarbe						
Augenfarbe						
Besondere Kennzeichen						
			Landwirtschaft	Landwirtschaft		

Bemerkungen:

Aufenthaltsort: Loden, AB.Lutbrandau Kr.Weslau   Nummer des Familienvorstandes: eigene
Durchgeschleust am 23.September 44   in Brest
durch Komm. Nr.: XXX   Aufnahmekraft: